현실주의자를 위한 변명

현실주의자를 위한
변명

명분보다 실리를 추구한 사람들
ⓒ 고경석 박진희 오수창 이강한 장영숙

초판 1쇄 펴낸날 | 2013년 6월 5일

지은이 | 고경석 박진희 오수창 이강한 장영숙
펴낸이 | 이건복 **펴낸곳** | 도서출판 동녘

전무 | 정락윤
주간 | 곽종구
편집 | 구형민 윤현아 이정신 조유나 현의영
미술 | 조하늘 고영선 **영업** | 김진규 조현수 **관리** | 서숙희 장하나 김영옥

디자인 | DesignBoom **인쇄·제본** | 영신사 **라미네이팅** | 북웨어 **종이** | 한서지업사

등록 | 제311-1980-01호 1980년 3월 25일
주소 | (413-756) 경기도 파주시 문발동 파주출판도시 532-5
전화 | 영업 031-955-3000 편집 031-955-3005 **전송** | 031-955-3009
블로그 | www.dongnyok.com **전자우편** | editor@dongnyok.com

ISBN 978-89-7297-689-9 04900
       978-89-7297-536-6 (세트)

사람으로 읽는
한국사
0   8

현실주의자를 위한 변명

명분보다
실리를 추구한 사람들

사람으로 읽는 한국사 기획위원회 펴냄

동녘

현실주의자인가, 기회주의자인가?

자연과 역사 앞에, '사람'이란 원래 대단히 보잘것없는 미물에 지나지 않는다. 그래서 그 스스로 자신의 환경을 결정하지 못하고, 자연의 거대한 힘, 역사의 거대한 흐름 앞에 무력한 경우가 대부분이다. 그 힘에 휘둘리거나 흐름에 끌려갈 따름이지, 힘에 맞서거나 흐름을 주도하는 경우는 거의 없다. 물론 간혹가다가 역사 속에 흐름을 주도하는 사람들이 등장하기도 한다. 우리는 그런 사람들을 일컬어 '위인'이라 부른다.

그런데 이른바 '위인'이란 너무나 상대적이고 가변적인 개념이다. 누구는 그렇게 부를 수 있고 또 누구는 그렇게 불러서는 안 된다는 확언이 어려운 게 사실이다. 게다가 이러한 '위인들' 또한 자연의 섭리와 역사의 심판에 정면으로 맞섰다기보다, 그것을 잘 활용해 자신의 힘 또는 권위로 삼았던 것이라 할 수 있다. 그래서 자연과 역사 속에 두드러진 발자취를 보였다고 평가되는 것이다.

자연과 역사를 자신의 편으로 만드는 것, 그것은 너무나 힘든 일인 동시에 정말 쉬운 일일 수도 있다. 자연과 역사를 자신의 편으로 만들기 위해서는 자신 앞에 놓인 상황이 어떠하고, 자신이 처한 현실이 어떤지 등에 대한 정확한 판단이 필요하다. 그러한 판단 없이는 상황을 만들어낼 수도, 또 현실을 바꿀 수도 없다. 물론 현실을 제대로 파악했다고 해서 그에 따른 선택이 무조건 합리화될 수는 없지만, 그러나 그 뒤에 내린 판단이나 행적과는 별개로 상황 분석력이나 실태 파악력에 대해서는 평가할 필요가 있다.

이 책은 모두 글 다섯 편으로 구성되어 있으며, 각각의 글을 통해 현실주의자라고 일컬어지는 역사 속 인물 다섯 명이 소개된다.

〈이승만_현실주의적 정치가, 미국에 올인하다〉에서는 대한민국 최초의 대통령 이승만을 다룬다. 조선 왕족의 후손인 동시에 화려한 유학 생활을 마치고 온 미국통이었던 그가, 대한민국 대통령이 되어 1940년대와 1950년대 일본과 상대하며 과거사와 청구권 문제 등을 어떻게 다루었고, 한일 연대를 희망하던 미국 정부를 상대하며 어떻게 반공포로 석방을 주도했으며 한미상호방위조약은 어떻게 이끌어냈는지에 대해 주목하고 있다.

〈김윤식_시대를 읽고 시대에 답한 인물〉을 통해서는 조선 유학의 영수이자 조정의 각종 요직을 두루 담당했던 김윤식의 삶을 살필 수 있다. 김윤식이 본인의 영향력에도 불구하고 3·1운동에는 동참하지 않은 채 개별 행위를 하거나, 외국 학문의 신사조를 공부해 문명개화를 하는 것에 동의하면서도 종래의 전통적 세계관을 버리지 않았던 이유가 이 글을 통해 드러난다. 저자는 복합적인 면모들로 이어져 있는 김윤식의 삶을 독자들에게 소개하고 있다.

〈최명길_시대의 소인, 역사의 거인〉에서는 최명길의 생애를 다루고 있다. 최명길은 적과의 화의를 주장한 소인이라는 평가, 삼학사를 포함한 조선의 관료들을 사심으로 청에 넘긴 자라는 악평을 듣곤 한다. 그러나 저자는 조정의 여론이 대책 없이 양극단으로 갈라질 때 그가 주화론을 주장한 맥락은 무엇이었는지, 또한 주화론을 통해 그가 조선의 정치 질서에 어떤 문제를 제기하려고 한 것인지에 대해 주목하고 있다.

〈원종_과연 주권을 포기한 왕이었을까?〉는 주권을 포기했던 왕으로 오해되는 원종에 대한 글이다. 13세기 후반 원제국의 고려 내정간섭은 정치, 경제, 문화 등 다방면에서 통상적인 수준을 넘나드는 것이었다. 원종은 그러한 간섭이 '시작되려던 찰나'의 시기를 살았던 인물이다. 이 글에서는 당시 개경 환도, 고려와 원 사이의 통혼 추진 그리고 삼별초 토벌 등 원종이 했던 선택들과 그에 따른 결과를 살핀다.

<김춘추_난세를 이겨 낸 현실주의자>에서는 신라통일의 토대를 이루었다고 평가되는 김춘추의 삶을 엿볼 수 있다. 저자는 한때 유력했으나 그 세력이 약해졌던 가문 출신의 김춘추가 신흥 군사귀족인 김유신 가문과의 동맹을 통해 어떻게 세를 확대했는지에 대해 주목한다. 또한 김춘추가 당나라를 끌어들이는 외교적 선택을 한 이유와 그러한 결단을 통해 삼국통일의 토대를 닦게 된 배경을 다룬다.

이상의 인물들은 그 나름대로 변동기, 전환기, 격동기를 살았던 인물들로서, 이들의 행적은 일관성과 자기모순을 동시에 보여준다. 또 격랑의 중심에 있었기 때문에 그들에 대한 평가도 극단적으로 엇갈린다. 역사의 '관중'인 우리로서는 모두가 그들을 안다고 생각하고, 그들에 대해 저마다의 평가를 내리는 데 주저함이 없다. 그러한 우리의 평가는 어떤 점에서는 옳고, 또 어떤 점에서는 그르지만 우리는 청중인 관계로 '절대적으로 공정한' 평가를 내릴 의무가 없다.

다만 알아 두어야 할 것이 한 가지 있다. 이 책에서 다뤄진 '현실주의자' 다섯 명은 자신이 처한 현실과 상황에 정면으로 부딪쳤고, 그들의 그릇이 허락하는 한도 내에서 적극적으로 대응했다는 사실이다. 그래서 '치열하게 살았다'는 수식이 누구보다 어울린다.

사람들은 흔히 이러한 인물들의 행동이 충분했는지 미흡했는지, 또는 그들의 행동이 글렀는지 옳았는지가 본질적인 문제라고 생각한다. 아울러 이들의 삶과 선택에 대한 판단이 당대인들의 몫인지, 아니면 당대를 벗어나 살고 있는 후대인들의 몫인지를 놓고 싸운다. 그런데 그러한 논란 속에서 정작 과거 속 '당사자'들의 판단, 생각, 아쉬움, 성취감은 제대로 들어보지 못한 측면이 있다. 당대인들의 시각과 후대인들의 시각이 중요하다면, '당사자'들의 시각도 중요하다.

이 책을 통해 독자 여러분들 모두 그들의 목소리에 귀를 기울여 보는 기회를 얻었으면 한다. 본인들이 속에 담아 둔 말들, 당시의 동시대인들 그리고 후대의 우리들에게 하고 싶었으나 못했던 말들이 많을 것이다. 행간 속에서 찾아볼 것을 권한다.

《현실주의자들을 위한 변명》여러 집필자들을 대신하여, 이강한

차례

들어가는 말
현실주의자인가, 기회주의자인가? 5

1 이승만_현실주의적 정치가, 미국에 올인하다
냉혹한 국제 정치 속에서 살길을 모색하다 : : 박진희

이승만은 정말 외교의 달인이었을까? .....15 | 왜 일본을 세 번이나 방문했을까? .....17 | 대마도와 파랑도, 독도는 누구의 땅인가? .....27 | 대일청구권과 대한청구권 .....31 | 한국과 일본의 어업 분쟁 .....35 | 한일 관계 그리고 미국 .....43 | 친미적 태도의 배경 .....53 | 한다면 기어이 하고 마는 사람 61

2 김윤식_시대를 읽고 시대에 답한 인물
국익을 우선하며 현실적인 삶을 추구하다 : : 장영숙

김윤식의 사회장은 왜 무산됐을까? .....71 | 개항기 용청론의 현실 .....77 | 대국론과 소국론의 갈림길에서 .....87 | 갑오개혁기, 대의를 좇다 .....95 | 사상이 변하다 .....105 | 소국으로 생존한다는 것 112

3 최명길_시대의 소인, 역사의 거인
조선의 정치 질서에 정면으로 도전하다 : : 오수창

'소인', 그에게 던져진 오명 .....119 | 오명의 반대편, '시대를 구한 재상' .....130 | 다른 이들의 행적 .....142 | 공론에 맞서 신념을 지키다 .....151 | 시대의 불행, 그와 '공론'의 공통 기반 161

4 원종 _ 과연 주권을 포기한 왕이었을까?

안팎의 위협 속에 나름의 방식으로 고려를 구하다 :: 이강한

쿠빌라이와의 조우 .....173 | 아직 건재한 무신정권과 다시 들어온 몽골군 .....179 | 불가능할 것 같았던 일들, 개경 환도 그리고 원과의 통혼 .....191 | 꺼져가는 무신 집정의 마지막 저항 .....203 | 마지막 목표, 경제의 복구 .....212 | 원종을 어떻게 평가할 것인가 216

5 김춘추 _ 난세를 이겨 낸 현실주의자

신라가 나아가야 할 방향을 정확히 파악하다 :: 고경석

'당 태종'과 '신라 태종' .....225 | 비운의 가문, 쫓겨난 왕의 손자 .....227 | 호랑이, 날개를 달다 - 김유신 가문과의 결합 .....231 | 정치적 실세로 부상하다 .....237 | 대야성 함락과 정치적 위기 .....239 | 용궁을 탈출한 토끼 .....244 | 떠오르는 실세, 김춘추와 김유신 .....248 | 구 귀족 세력을 누르고 권력을 장악하다 .....250 | 새로운 비전을 제시하다 .....256 | 왕위에 오르다 .....261 | 통일신라의 발전과 김춘추 266

이승만_현실주의적 정치가, 미국에 올인하다

냉혹한 국제 정치 속에서 살길을 모색하다

박진희 : : 국사편찬위원회 편사연구관

이승만
1875~1965

이승만은 전주 이씨 양녕대군 16대손으로 1875년 황해도 평산에서 태어났다. 1884년 배재학당에 진학하여 '영어'와 '기독교'를 접했는데, 1898년 배재학당을 졸업할 때는 영어로 연설할 정도의 실력을 갖췄다. 배재학당 졸업 후 《협성회회보》와 《매일신문》, 《뎨국신문》에서 언론인으로 활동하면서 언론 활동을 통한 개화 활동에 앞장섰다. 1898년 제1회 만민공동회에서 러시아 철수를 강조하는 연설을 하며 정치 무대에 데뷔했다.

1899년 박영효 쿠데타 음모 사건에 연루되어 체포, 투옥되었는데 옥중에서 한국인의 기독교도로 교화, 만국 공법에 따른 중립 외교 등을 골자로 한 《독립졍신》을 집필했다. 1904년 석방된 이승만은 미국으로 건너가 조지워싱턴대학, 하버드대학, 프린스턴대학에서 수학하여 5년 만에 박사 학위를 취득했다. 1910년 귀국해 YMCA에서 종교·교육 활동을 하다가 1912년 다시 미국으로 건너가 1945년 귀국할 때까지 망명 생활을 하며, 대미 외교를 통한 독립을 주장했다.

해방 후 귀국한 이승만은 1948년 초대 대통령에 당선되었다. 철저한 배일정책으로 일본에 대해 강경 자세를 견지한 이승만은 대통령 재임 기간 중 일본을 세 차례 방문했다. 이승만의 대일 정책은 미국을 목표로 움직였고, 한편으로 일본에 대한 경계심에 기초했다. 이승만은 한국전쟁을 계기로 한국이 동북아시아에서 차지하는 전략적 중요성을 정확히 인지했다. 이승만은 한미 관계를 통해 한국의 안보를 보장받고, 더 많은 원조를 얻어내려고 했다. 이승만은 국제 정치의 냉혹한 현실 속에서 한국의 위상이 미국에 전적으로 달렸다고 생각했다. 따라서 그는 외교에, 특히 미국을 상대로 '올인'했다고 해도 과언이 아니다.

이승만은 한국 근현대사에서 가장 중요한 인물 중 한 사람이다. 독립 운동가이자 초대 대통령으로 12년간 장기 집권한 대통령이었고, 두 번이나 대통령 자리에서 끌어내려진 대통령이기도 했다. 대한민국 임시 정부와 대한민국의 대통령 자리에서 말이다. 대한민국 수립 이후 현재까지 임기를 끝내지 못한 채 국민의 손으로 권좌에서 끌어내려진 유일한 대통령이기도 하다.

한편, 그는 전주 이씨 양녕대군의 16대손으로 왕족 출신이다. 게다가 지금도 보기 드문 조지워싱턴대학, 하버드대학, 프린스턴대학 등 미국의 명문 대학을 졸업한 박사다. 오랜 미국 생활로 우리나라 말보다 영어가 수월할 정도로 유창한 영어를 구사했다. 화려하고 드라마틱한 이력이다.

이승만은 건국과 반공의 초석을 놓고, 한미 동맹을 튼튼하게 만든 '국부'로 추앙받는다. 반면 한국에서 반공주의만을 유일한 가치로 인정하여 반민주 독재 정치로 사회 민주화를 가로막은 장본인으로 비판받는다. 특이하게 극단의 평가 속에서도 그의 '반일' 인식과 태도에 대해서는 긍정적인 평가가 좀 더 우세한 것 같다. 당대에나 지금이나 반일주의자로서 그의 면모는 어느 정도 인정받는 것이다.

'외교에는 귀신, 내치에는 등신.' 이승만에 대한 평가를 한마디로 압축해서 보여 주는 말이다. 거대 강국 미국을 상대로 튼튼한 동맹의 토대를 만든 것은 그의 최대 강점인 '외교' 덕분이라고 할 수 있다. 대미 외교에서 보여준 수완과 배짱은 가히 외교의 달인 수준으로 평가받기도 한다. 꿈쩍도 하지 않는 미국을 상대로 한미상호방위조약(韓美相互防衛條約)을 체결하고, 또한 아시아 침략 행위를 반성하지 않는 일본을 상대로 초지일관 강경한 태도를 유지했기 때문이다.

그는 정말 외교의 달인이었을까? 그의 외교적 역량은 초강국 미국도 꼼짝 못하게 만들 만큼 탁월한 것이었을까? 그는 전 생애를 통해 '반일'을 고수했을까? 독립운동가였던 그에게 일본은 절대 용서할 수 없는 상대였을까? 청장년기를 독립운동에 종사했기 때문에 그의 반일 인식은 자연스러운 것이었을까? 이 글은 이승만이 과연 철저한 반일주의자였는지, 그에게 한일 관계는 어떤 의미였고 그 관계에서 미국에게는 어떤 역할을 기대했는지에 대한 궁금증에서 시작하려고 한다.

왜 일본을 세 번이나 방문했을까?

1949년 4월 미국과 서유럽 국가들이 소련과 동유럽에 대항해 집단 방위 조약인 북대서양조약기구(北大西洋條約機構), 나토(NATO, North Atlantic Treaty Organization)를 결성했다. 한국의 이승만 대통령, 중국의 장제스(蔣介石) 주석, 필리핀의 키리노(Elpidio Quirino) 대통령은 이 소식에 귀가 번쩍 뜨였고, 즉시 의기투합해 아시아판 나토를 만들고자 했다. 미국의 참가와 지원을 전제로 정치 · 군사적으로 강력한 반공 동맹체로서 태평양동맹을 결성하려는 시도였다.

1949년 6월 주한 미군은 한국에서 완전히 철수할 예정이었다. 이승만은 주한 미군이 철수하기 전에 미국이 참가하는 나토와 같은 태평양동맹을 만들거나, 한미상호방위조약을 체결하거나, 아니면 최소한 한국에 대해 확고한 방위 공약을 마련할 것을 미국에 요청했다. 그러나 미국은 어느 것도 들어주지 않았고, 그 때문에 미국이 한국을 포기하려는 것이 아니냐는 의구심을 갖게 했다. 이때 들려온 나토 결성 소식과 중국, 필리핀의 호응은 좋은 기회였다.

이승만은 태평양동맹 결성을 주도하면서 일본의 참가만큼은 절대 반대했다.

"태평양동맹에 가맹하기를 원치 않는 국가를 제외하고 태평양방위동맹은 남태평양제도 및 호주 · 캐나다 · 미국 · 중국 · 중남미 제국을 포함하여야 할 것이다. 그리고 일본은 강화조약이 체결될 때까지는 여사(如

斯)한 방위동맹 혹은 국제적 제 협정에 가입할 자격이 없다고 나는 확신한다."

—《경향신문》, 1949년 4월 9일

이승만은 표면적으로는 일본이 과거 한국을 비롯한 아시아 국가를 침략했고 아직 강화조약이 체결되지 않아 사과와 배상 문제 등이 해결되지 않았다는 이유를 들었지만, 본질적 이유는 일본의 '침략 근성'에 대한 깊은 의혹과 불신이 해소되지 않았기 때문이다. 그러나 미국의 반대와 필리핀의 변심, 아시아 국가들의 의견 불일치로 태평양 동맹은 결성되지 못했다. 그리고 미국은 아무런 약속도 없이 미군을 철수시켜 버렸다.

게다가 1950년 1월 12일 미 국무장관 애치슨(Dean Acheson)의

'미국의 아시아 정책'에 관한 연설은 이승만의 의혹과 불안을 더욱 부채질했다. 이날 애치슨은 미국의 태평양 방어선에 대해 언급했는데, 한국은·이 방어선에서 제외되었다. 물론 한국은 미국의 전략적 방어선에서는 제외되었지만, 전술적으로는 여전히 중요한 거점이었다. 그러나 일본이 미국의 태평양 방어선의 핵심 기지라는 죝이 문제였다. 미국의 확고한 안보 공약도 없고 일본보다 뒷전에 밀리는 이런 상황은 분명히 이승만으로서는 받아들이기 어려운 현실이었다. 이때 이승만이 선택한 카드는 '일본'이었고, 대통령으로서 두 번째로 일본 방문길에 나섰다.

이승만은 대통령 12년 재임 기간 중 일본을 세 차례나 방문했다. 지금도 한일 정상 회담 성사가 쉽지 않듯, 그의 반일 태도에 비추어 보면 세 번의 방일은 분명히 눈에 띄는 대목이다. 그러나 결론부터 말하자면 이승만의 방일은 우호 친선 방문이 아니었다. 미국의 호의와 지원을 얻어내기 위한 일종의 전술적 방문이었다.

첫 번째 방일은 1948년 10월로 맥아더(Douglas MacArthur) 장군이 대한민국 정부 수립 기념식에 참석한 것에 대한 답방이었다. 이 방문은 이승만과 맥아더의 개인적 친분 관계도 크게 작용한 것이었다. 첫 번째 방일 결과 한국은 연합국 최고사령부의 허가를 얻어 1949년 1월 19일 재일 한국인을 보호하고 한일 간 당면 문제를 해결하기 위해 주일 대표부를 설치했다. 한일 회담 진행 기간 동안 주일 대표부는 한국 측 외교 대표부로서 역할을 수행했다. 1950년대 내내 일본은 형평성을 내세워 주한 일본 대표부 설치를 강력히 요구했다. 하지만 이승

이승만 대통령과 맥아더 원수.(대한민국 정부수립 기념식, 1948년)

만은 시기상조라는 이유로 번번이 거절했고, 1965년 한일 협정이 체결된 후에야 주한 일본 대사관이 개설되었다.

두 번째 방일도 맥아더 장군의 초청으로 이루어졌다. 한반도에서 주한 미군이 철수하고, 미국의 반대와 아시아 국가들의 냉담한 반응으로 태평양동맹 결성은 실패하고, 중국에는 공산 정권이 들어선 상황이었다. 또한, 한국은 미국의 태평양 방어선에서 제외되었다. 이런 상황에서 이승만은 미국의 확고한 안보 공약이 절실했기 때문에 맥아더의 방일 초청을 받아들였다.

이승만은 1950년 2월 16일 동경 도착 성명에서 "성장하는 공산주의 팽창으로부터 일어나는 공통의 위험은 한국과 일본을 단결시켜야 하며 과거의 적대 관계는 망각되고 현재의 제 곤란이 해결되어야 한다"고 말했다. 다음날인 2월 17일 요시다[吉田茂] 총리와의 회담에서도 "우리의 일본 방문은 과거를 망각하고 반공 통일 전선에 있어서 다른 민주주의 국민과 협조하려는 우리의 의사를 확고히 증명하는 것이다"라고 했다. '반공'을 위해서라면 과거사도 문제 삼지 않고 일본과 기꺼이 협력할 의사가 있다는 점을 강력하게 표시한 것이다. 그러나 이것은 대일 관계 개선용 발언이 아니라 대미용 발언이었다. 반공의 보루로서 미국이 바라는 일본과의 관계 개선도 할 용의가 있다는 점을 표시함으로써 한미 동맹의 튼튼한 기초를 다지고자 한 것이다.

또한 이승만의 방일은 미국 태평양 방어선의 핵심 기지인 일본에 한국을 연계하는 방어선 구축을 염두에 둔 것이었다. 이런 의도는 1950년 6월 방한한 덜레스(John Foster Dulles) 특사에게 다음의 내용을 전달함으로써 더욱 분명해졌다.

> 1. 한국인들은 냉전이 실전으로 전입할 때 군사적으로 이를 감당할 수 있겠는가 하는 것을 확신치 못하고 있다.
>
> 2. 미군의 훈련을 받는 10만 한국 정예군은 북쪽으로부터의 공산주의자의 공격에 대항하여 매일 전투에 참가하고 있으며 한국인에게는 전쟁은 이미 실탄전으로 화하고 있다.
>
> 3. 만약에 일반적 전쟁이 전개되는 경우에는 한국군은 미국 측에 가담하여 전투할 용의가 되어 있다.
>
> 4. 한국은 지리적으로 전략 요지이며 만약 한반도 남단에 적대되는 항공 기지가 설치된다면 그것은 줄 일본에 대하여 단시간적 항공 출격전을 가능하게 할 것이다. 그와 반대로 한국이 우방으로 있다면 그것은 일본에 대한 커다란 방위 보루를 베풀어 주는 것이 될 것이다.
>
> ―《자유신문》, 1950년 6월 24일

한국의 방공망이 일본의 안전을 보장해 줄 수 있고, 미국의 아시아 정책에 효과적이라는 주장이다. 이승만의 두 번째 방일과 한일 반공 연대 구축 주장은 그간의 강력한 대일 방침과 비교하면 타협적으로 바뀐 것이었다. 그러나 이것은 원칙을 바꾼 것이 아니라 전술을 바꾼 것이었다. 미국의 대일 정책에 부응하려 한 것이다. 이승만이 타협적인 대일 태도를 보인 것은 1949년에 벌어진 일련의 반공 노선 실패에 따른 위기감 때문이었다. 이것은 대일용이 아니라 대미용 카드였

1953년 1월 5일 이승만 대통령은 일본 도쿄를 방문했다. 하네다 공항에 도착한 이승만 대통령 일행을 미국과 일본 요인들이 영접하고 있다. 왼쪽으로부터 김용식 주일 공사, 백선엽 육군참모총장, 손원일 해군참모총장, 프란체스카 여사. 두 사람 건너 이 대통령과 다크 클라크 유엔군 총사령관의 모습이 보인다.

다. 그리고 방일 얼마 뒤 발발한 6·25전쟁은 한미 동맹에 대한 불안과 의혹을 일거에 해소했고, 한일 관계 개선에 대한 부담도 잠시 뒤로 미루어 두는 계기가 되었다.

6·25전쟁이 한창일 때인 1953년 1월의 세 번째 방일은 미국의 주선으로 한일 관계를 개선하기 위한 것이었다. 이승만과 한국 정부는 방일이 순전히 개인적인 방문임을 강조했다. 그러나 일본 언론들은 한일 회담 재개를 협의할 것으로 예측하면서 과거 한일 협상의 주된 장애는 평화선 선포 등 이승만의 '일본 공포증' 때문이라고 강조했다. 애치슨 미 국무장관도 이승만의 방일에 기대를 표시하고 협상

재개 움직임을 환영했다. 그는 일본에는 관대함을, 일본 및 특히 한국 언론에는 상대방에 대한 신랄한 논평과 비난 기사의 자제를 요청했다. 이렇게 이승만은 국내외의 주목을 받으면서 1953년 1월 5일 클라크(Mark W. Clark) 장군 전용기 편으로 일본으로 향했다.

이승만은 도착 성명을 통해 자신의 방문이 클라크 장군의 초청에 의한 '개인적 방문'임을 다시 한 번 강조하면서도, 여러 경로를 통해 관측된 요시다 총리와 회동할 가능성을 부인하지 않았다.

나로서는 누구에게나 편감(偏感)을 갖인 바 없으며 한일 양국 관계에 관한 사정을 듣고자 하는 이나 또는 어떠한 문제를 명백히 알고 싶어 하는 사람이면 누구든지 기꺼이 맞나 볼 생각이다. …… 이 자리에서 솔직하게 말하고 싶은 것은 한국은 역사상 침략자가 되어 본 일이 없으며 더욱 일본에 대하여 국제적인 부정을 행하였다고 비난할 수는 없는 것이다. 내가 이런 말을 하는 것은 어떤 사람을 비방할려는 것이 아니며 만일 일본이 우리와 손을 잡고 일 할려고 드는 한 우리는 언제나 일본과 만날 용의가 있다는 것을 알릴려는 데 있는 것이다.

〈이대통령이 동경 도착 후 성명서를 발표〉
—《이승만 대통령 문서철》, 1953년 1월 7일

이승만은 자신은 항간에서 이야기하듯 일본에 대한 적개심과 공포심이 없으며, 누구라도 만날 용의가 있다고 강조했다. 단, 일본이 한국과 관계 개선에 적극적인 의사와 성의가 있어야만 한다고 못박았다.

자신이 일본에 대한 경계를 거두지 않는 것은, 한국이 단 한 번도 침략의 역사를 가진 적이 없는 데 반해, 일본은 한국을 비롯한 아시아를 침략했고 이를 전혀 반성하지 않기 때문이라는 점도 힘주어 강조했다.

이 방문에 관심을 두지 않은 것은 이승만뿐 아니라 일본 총리 요시다도 마찬가지였다. 클라크 유엔군 사령관과 머피(Robert D. Murphy) 주일 미국대사가 참석한 가운데 열린 회담에서 이승만은 평화선 문제와 관련해 빈곤한 한국의 경제 상황, 어업 의존도 등을 강조하고, 일본이 더 큰 국가로서 공산주의 침략에 맞서 투쟁하는 한국에 대해 더욱 관대한 태도를 보여야 한다고 역설했다. 반면 요시다는 시종일관 친절하고 진심 어린 태도를 보였지만, 입을 굳게 다물었다고 머피 대사는 전했다.

애초 이승만과 요시다는 회담할 의사가 없었다. 한국에서 전쟁이 한창일 때 두 동맹국 간의 불화를 내버려 둘 수 없었던 미국의 강력한 중재로 마지못해 마주 앉았을 뿐이다. 양국 지도자 간의 냉랭한 회담 분위기는 지금은 사실처럼 받아들여지는 '호랑이 논쟁'으로 전해진다.

요시다가 한국의 백두산 호랑이가 유명하다는 인사를 건네자 이승만이 임진왜란 당시 가토 기요마사〔加藤淸正〕가 백두산 호랑이의 씨를 말려 버렸다고 응수했다는 것이다. 두말할 것도 없이 회담 분위기가 썰렁해졌을 법한 이야기다. 사람들은 이 이야기를 이승만의 철저한 반일 인식과 태도, 직설적인 대담성을 보여주는 사례라고 생각한다. 그러나 당시 이 회담에 배석했던 주일 대표부의 김용식 공사는 이 이야기가 잘못 전해진 것이라고 말했다. 요시다가 한국에는 호랑이가 많았다는 말을 들었다고 하자 이승만이 이렇게 답했다고 한다. 옛날 북한에는 집안에 아들이 셋은 있어야 했는데, 한 명은 집안을 이어야 하고, 또 한 명은 절에 가서 중이 되어야 하고, 이들 중 하나는 호랑이에게 물려갈지 모르니 셋째 아들도 있어야 한다고 말했다는 것이다. 이 이야기대로라면 회담 벽두에 가볍게 오간 대화라고 할 수 있다. 백두산 호랑이 이야기는 한국과 일본 관계에서만 있을 법한 와전된 이야기인 셈이다. 한국 사람들은 '와전'된 이야기를 듣고 싶고, 기억하고 싶었을 것이다.

이승만의 세 번째 방일로 성사된 양국 정상 회담은 한일 관계 개선에 대한 두드러진 합의점을 찾지 못했지만 4월에 2차 한일 회담이 재개되었다. 그러나 한일 회담이 청구권 문제와 평화선 문제로 결렬된 후 양국의 입장에는 변함이 없었기 때문에 성과를 기대할 수 없었다. 더구나 한국은 휴전 협정 체결 문제로 미국과 갈등 중이었다. 이승만의 일본 방문도 한일 관계 개선을 목표로 한 것이 아니라 휴전이 기정사실화되어 가는 가운데 한국군 증원 문제 등 대미 요구를 관철하기 위한 수단이었다. 일본도 4월에 중의원, 참의원 총선거를 앞두고 있었다. 따라서 일본 정부는 한일 협상에 대해 노력조차 하지 않는다는 인상을 주는 것은 정치적으로 득이 되지 않는다고 인식했고, 또한 지속적인 미국의 압력도 무시할 수 없었던 상황이었다. 결국, 한일 양국 정상인 이승만과 요시다가 마주 앉았던 것은 '미국' 때문이었던 것이다. 한국과 일본 모두에게 한일 관계는 양국 관계가 아니었고, '미국'을 목표로 한 한·미·일 관계였다.

대마도와 파랑도, 독도는 누구의 땅인가?

이승만이 대통령에 취임한 직후 가장 먼저 발표한 것은 강력한 대일 정책이었다.

> 우리는 대마도를 한국에 반환할 것을 요구할 것이다. 同島는 上島 及 下島의 2島로 되어 한일 양국의 중간에 위치한 것인데 수백 년 일본이 탈취한 것이다. 이 외에도 우리 정부는 일제의 40년 한국 통치 기간 중 가져간 예술품·역사기록 전부의 반환을 요구할 터이며, 이보다도 한일 양국 간에 중요한 것은 한국 내 일본인 재산을 한국 정부에 귀속케 하는 문제를 조속히 해결하는 것이다.
>
> —《조선일보》, 1948년 8월 20일

1948년 8월 17일 기자 회견 석상에서 이승만의 일본을 향한 첫마디는 대마도를 반환하라는 것이었다. 또한 일본이 탈취해 간 문화재 반환과 한국 내 일본인 재산의 귀속 문제 해결을 촉구했다. 그는 대마도 문제에 대해 일본이 강력히 반발할 것이라고 예상했다. 예상대로 일본 정부는 즉각 대마도는 일본 땅이라며 강력히 반발했다. 그렇다면 그는 왜 하고많은 한일 간 현안 중 대마도 문제를 들고 나온 것일까?

이승만이 대마도 반환을 가장 먼저 언급한 것은 다분히 의도한 것으로 일종의 '관측기구' 같은 것이었다. 이를 통해 미국과 일본의 반응을 살핌과 동시에 한국의 대일 정책을 암시한 것이다. 한국은 일본의 과거사에 대한 철저한 반성을 요구할 것이며, 이를 전제로 배상 문제에 임하겠다는 의지를 전달한 것이다. 미 국무부 정보조사국도 한국의 대마도 귀속 주장은 민족주의와 반일 감정을 반영한 계산된 어필로, 연합국으로부터 작은 양보라도 얻어내기 위한 시도라고 평가했다. 결국, 한국의 대마도 귀속 주장은 정치적 목적이 컸다는 것을 뜻한다. 가장 큰 이유는 대일강화조약(對日講和條約)에 대한 대응책이었고, 다른 하나는 한일 양국의 현안 문제 타결을 위한 주도권 선점이었다.

한국이 대마도 반환 요구를 철회한 것은 1951년 7월이다. 이때는 미국이 주도한 대일강화조약 초안이 완성 단계에 이른 때다. 이승만이 공식적으로 대마도 반환을 요구한 이래 이것은 한국 정부의 공식 입장이었다. 이와 더불어 파랑도, 독도 영유권 문제도 대일강화조약에 명시해 달라고 요구했다. 1951년 7월 덜레스 고문은 양유찬 주미 대사와의 회담에서 한국의 영토 관련 요구에 대한 미국의 방침을 전달했다. 우선 대마도는 오랜 기간 일본이 전적으로 통치했다는 사실을 들어 한국의 반환 요구를 일축했고, 한국이 더는 반환을 요구하지 않았기 때문에 한국이 철회한 것으로 받아들였다. 그리고 덜레스는 독도와 파랑도의 위치와 일본의 국권 침탈 이전에는 이 섬들이 한국의 소유였는지 물었다. 이 자리에 배석한 주미 한국 대사관의 한표욱은 두 섬은 '일본해에 있으며, 울릉도 부근에 있는 것'으로 안다고 답변했다. 또한 '한일 합방 이전에는 한국의 영토였다'라고 덧붙였다. 덜레스는 파랑도와 독도 문제는 조사해 보겠다고 약속하고 이 자리를 마무리했다. 그러나 이 자리에서 한국 대표단은 독도와 파랑도에 대한 정확한 지리 정보를 제시하지 못함으로써 한국 스스로 영토 문제에 대한 정당성과 신뢰성을 허물어뜨렸다. 그리고 미 국무부는 자체 채널을 통해 조사해 본 결과 두 섬의 위치를 확인할 수 없다고 결론 내렸다.

대일강화조약의 한국 측 요구 사항을 작성하고 한일 회담에 참석했던 유진오의 회고를 따르면, 한국이 파랑도를 요구한 것은 최남선의 아이디어였다고 한다. 목포와 나가사키, 중국 상해를 잇는 삼각지점의 섬으로 알려진 파랑도는 당시 실재가 확실치 않았다. 그러나 최남선은 대일강화조약에 파랑도가 삽입되면 제주도 서남쪽 해역을 넓힐 수 있다고 조언했다. 유진오는 당시로는 손해볼 것이 없다고 생각했으나 국가 외교 문서에 실존하지 않은 섬을 거명한 것은 실수였음을 인정했다. 파랑도는 1984년 제주대학교 탐사로 확인되었고, 해양수산부에서 1995년 해양 과학 기지를 설치하기 시작해 2003년 완공했다. 파랑도는 암초 정상이 바다 표면에서 4.6미터 아래에 잠겨 있어 파도가 심할 때만 그 모습을 드러낸다. 그 때문에 제주도에서는 전설의 섬 이어도로 불리기도 했다. 이처럼 파랑도는 당시 실존 자체가 불분명했기 때문에 미국이 한국의 귀속 주장을 들어줄 수 없었다.

그러나 미국은 독도조차도 한국의 영유권을 인정하지 않았다. 미 국무부는 자신들의 조사 결과를 토대로 1951년 8월 10일 주미대사에게 회신을 보냈다.

독도-다른 이름으로는 다케시마 혹은 리앙쿠르 암으로 불리는-와 관련해서 우리 정보에 따르면, 통상 사람이 거주하지 않는 이 바윗덩어리는 한국의 일부로 취급된 적이 없으며, 1905년 이래 일본 시마네현 오키도사 관할하에 놓여 있었다. 한국은 이전에 결코 이 섬에 대한 권리를 주장하지 않았다. (딘 애치슨이 양유찬 주미대사에게 보낸 서한, 1951.8.10, RG 59)

이는 일본의 주장을 그대로 받아들인 것이었다. 영국이 단독으로 작성한 대일강화조약 초안에서는 독도는 한국의 영토로 분명하게 규정된 바 있었다. 그러나 일본의 집요한 대미 로비 덕에 대일강화조약 조문에는 삽입되지 못했다. 당시 미국은 독도 영유권을 부정한 이 문서를 일본에는 공개하지 않았다. 그러나 이는 미국이 한일 관계에 개입하고 영향을 끼쳤다는 움직일 수 없는 증거다. 결국, 대일강화조약은 "일본은 한국의 독립을 승인하고 제주도, 거문도, 울릉도를 포함하는 한국에 대한 모든 권리, 권원, 청구권을 포기한다"라고 규정했다. 이 조문은 한일 간 독도 분쟁을 촉발하고 심화하는 계기가 되었다. 한국은 조약문이 간략해서 큰 섬들만 거명하고 독도를 비롯한 작은 섬들은 거명하지 않았을 뿐이지 독도가 한국 영토라는 것은 두말할 필요가 없다고 주장했다. 반면 일본은 독도가 거명되지 않은 것은 일본 영토임을 재확인했기 때문이라고 주장했다. 독도 분쟁은 미국의 애매모호한 태도와 일본에 치우친 정책이 낳은 결과 중 하나였다. 미국의 이 같은 태도는 청구권 문제에서도 분란을 낳았다.

대일청구권과 대한청구권

한국이 일본 패전 직후부터 가장 관심을 뒀던 문제는 배상 문제였다. 일본이 불법 침략을 반성하고 한국인들에게 배상하는 것은 너무나 당연한 일이었다. 일본으로부터 장기간의 식민통치를 받은 특수한 역사를 가진 한국은 이 기간에 발생한 인적·물적 피해에 대한 배상 요구는 정당하다는 입장이었다. 특히 일본이 한국에 남기고 간 재산은 당연히 배상에 충당되어야 한다고 생각했다. 그래서 정부 수립 이전에 이미 남조선과도정부(南朝鮮過渡政府)는 조사위원회를 구성하여 대일배상 요구 항목과 금액, 논리 등을 마련했다. 이를 바탕으로 정부 수립 직후 배상요구조서가 작성될 수 있었다. 그리고 한국의 대일 배상 요구는 대일강화조약 체결 과정에서도 강조되었다. 한국은 합리적인 대일청구권을 요구할 생각이었다.

> 우리의 대일 배상 청구의 기본정신은 일본을 징벌하기 위한 '보복의 부과'가 아니고 '희생의 회복'을 위한 공정한 권리의 이성적 요구에 있는 것이다.
>
> ─《유민 홍진기 전기》

1949년 2월 기획처 산하에 대일배상청구권위원회를 조직하고, 이상과 같은 대일 배상 원칙을 선언한 것이다. 위원회는 조사 활동 결과 3월에 '대일배상요구조서' 1부를 완성했고, 9월에 2부를 완성했다. 이 대일배상요구조서는 해방 직후부터 제기되어 온 대일 배상 요구를 수렴한 것으로 이후 한국의 대일청구권의 근거가 되었다.

그런데 한국의 대일 배상 요구와 관련해 중요한 변수로 등장한 것이 미국의 대일 정책 변화, 특히 대일 배상 요구 포기였다. 미국이 일본을 아시아의 전략적 중추로 재건·부활시키기로 정책을 전환한 것이다. 특히 미국은 '징벌적인' 대일 배상을 시행하면 일본 경제에 악영향을 끼쳐 미국의 대일 정책에 차질을 가져올 것이라고 경고했다.

1949년 5월 16일 임병직 외무장관은 미국의 대일 배상 반대설에 대해 담화를 발표했다.

대일 배상은 미군정 밑에서 받을 것이 아니다. 따라서 미국에서 운운할 것이 아니라 직접 우리가 일본에서 배상을 받을 것이며, 민국 정부가 일본 정부에 대하여 배상을 요구하는 것은 과거 왜정(倭政) 40년 동안 강도당한 국보 및 국가와 민족의 자원·재산의 현물의 반환을 요구하는 것이다. 따라서 우리의 요구는 정당한 것이며, 일본에 강도당한 현물은 반드시 반환받아야 하며, 미국의 대일 배상 취득 반대에 구속받을 성질의 것이 아니며, 정환범 특사와 긴밀한 연락을 취하여 소기 목적 달성에 전력을 다할 것이다.

미국이 대일 배상 요구를 포기하자 민족적 과제로까지 배상 문제를 인식하고 처리해왔던 한국의 반발은 즉각적이고 강력했다. 미국은 일본을 부활시키기로 했지만, 한국을 완전히 무시할 수도 없었다. 특히 한일 관계가 특수한 역사로 얽혀 있다는 점을 염두에 둘 필요가 있었다. 더구나 비록 대일 배상 요구를 포기했지만 미군정이 한국에 남겨진 일본 재산을 몰수하고 대한민국 수립 후 이를 양도한 조치를 폐기할 수 없었다.

그 결과 미국은 대일강화조약 제4조 (b)항으로 한국의 귀속 재산에 대한 요구를 수용했다. "일본은 제2조 및 제3조에 규정된 지역의 미군정에 의하여 또는 그 지령에 의하여 행하여진 일본과 일본 국민의 재산의 처리의 효력을 승인한다"는 것이다. 한국은 이 조문에 따라 한국 내 모든 일본 재산에 대한 미군정의 귀속 조치와 한국 정부에의 양도 조치는 합법적이라고 주장했다. 반면 일본은 한국 내 일본의 국공유 재산에 대한 귀속 조치는 인정하지만, 일본인 사유 재산에 대한 귀속 조치까지 정당성을 승인한 것은 아니라고 주장했다. 1차 한일 회담에서 일본이 한국을 상대로 대한청구권, 이른바 '역청구권'을 주장하는 근거다. 한국에 남겨두고 온 일본인 사유 재산은 반환해야 한다는 것이다. 일본의 대한청구권 주장은 한국의 청구권 요구에 맞대응해 상쇄하거나, 한국에 지급해야 할 금액을 최소화하는 것이 목표였다.

청구권 문제는 한일 간 과거사 청산에 대한 합의가 이루어지지 않는다면 결코 해결할 수 없는 문제였다. 불법 침략에 대한 배상을 요구하는 한국과, 과거는 그 자체로 정당했다는 일본의 기본 방침은 쉽게 변화할 수 없었다. 특히 일본이 과거사를 부정한다는 것은 국가의 존립 근거를 부정하는 것과 다를 바 없었다. 그리고 과거사를 인정하는 순간 미국이 애써 막아 준 다른 국가들의 배상 요구를 더는 막아 낼 수 없었다. 따라서 한일 양국의 과거사 문제는 한번은 터지고 말 불씨였고, 청구권 문제는 이 불씨를 응축하고 있었다. 어렵사리 재개된 3차 한일 회담에서 터져 나온 '구보타 망언'은 이 불씨가 폭발한 것으로 양국 협상에 쐐기를 박았다.

1953년 10월 3차 한일 회담 청구권위원회 회의에서 한국 대표 홍진기와 일본 대표 구보타 간이치로〔久保田貫一郎〕가 청구권 문제로 논쟁을 벌였다. 여기서 구보타는 일본의 식민통치로 한국도 많은 측면에서 득을 보았다고 말했다. 그리고 카이로선언(Cairo Declaration)에서 한국의 '노예 상태' 운운 문구는 전시(戰時) 수사학에 불과하며, 한국이 일본에 배상 책임을 묻고 일본 재산을 몰수한 것은 개인적으로 국제법상 이견(異見)이 있을 수 있다고 주장했다. 심지어 일본이 한국을 '합병'하지 않았다면 다른 나라가 한국을 점령해 한민족은 더욱 비참한 상태에 놓였을 것이라고 발언했다.

한국은 구보타에게 발언 취소를 요구하고 그 발언이 일본 정부의 견해인지 따져 물었다. 구보타는 국제회의에서 일국의 대표로서 발언한 것을 철회할 수 없으며, 발언 내용이 잘못되었다고 생각하지 않는다고 못 박았다. 또한 자신의 발언은 한국 측 질문에 답변으로 한 것이지 자진해서 말한 것이 아니라고 주장했다. 결국, 1953년 10월 21일 김용식 공사는 일본 수석대표 구보타가 5개 항의 '망언'을 철회하지 않음으로써 더 이상의 회담 지속은 불가능하다는 성명을 발표했다. 같은 날 일본 외무성 대변인도 한국이 고의로 분과위원회 회의에서의 일본 대표의 '사소한' 말 몇 마디로 회담을 결렬시켰다고 비난하는 성명을 발표했다. 일본 정부는 형식적으로는 구보타 발언이 일본 정부의 공식 입장이 아니라고 했지만, 실질적으로 부정하지 않았다.

구보타 망언은 일본의 대한(對韓) 우월 의식, 과거사에 대한 정당화에서 비롯된 것이다. 이로써 한일 회담은 1958년 재개될 때까지 4년 6개월여 동안 열리지 않았다. 한국은 한일 회담 재개 조건으로 구보타 망언 철회, 대한청구권 요구 철회를 주장했다. 4차 한일 회담은 일본이 이 같은 조건을 수락함으로써 재개될 수 있었다.

한국과 일본의 어업 분쟁

이승만 대통령 재임 기간 중 한일 관계를 상징한 것은 처음에는 대마도, 독도 등 영토 문제였고, 한일 회담이 진행되면서는 청구권 문제였다. 그리고 뒤를 이어 가장 첨예하게 갈등한 것은 어업 문제, 즉 평화선 문제였다.

1952년 2월 제1차 한일 회담 개최를 앞두고 한국은 1월 18일 국무원 고시 14호로 '인접 해양에 대한 주권 선언', 일명 '평화선'을 선포했다. 한국은 이 선언이 한일 양국 간 평화 유지를 목적으로 한다고 이승만이 설명한 이래 '평화선'으로 불렀다. 반면 일본은 평화선은 국제법상 불법이라는 이유로 시종일관 '이(李)라인'이라고 불렀다. '이(李)라인'이라는 용어에는 이승만의 반일 인식과 태도에 대한 비난이 담겼다. 한일 회담 과정에서도 일본과 미국은 한일 회담의 중단, 결렬 등의 주요 책임을 이승만의 비합리적인 반일 인식과 태도 탓으로 돌리곤 했다. 한편으로 이런 일본의 비난은 오히려 이승만의 '반일주의자' 이미지를 더욱 각인시켰으며, 한국민에 '이승만＝평화선＝반일' 상징으로 각인되었다.

그렇다면 평화선은 이승만이 독단적으로 선포한, 국제법상 불법적인 조치였을까? 또한 이승만은 통치 수단으로 이용하려고 반일의 상징으로 평화선을 설정하고 고집했을까? 결론부터 말하자면 반드시 그렇지는 않다.

애초 평화선은 어업 담당 실무부서인 상공부 수산국에서 구상했다. 일본의 남획에 대처하고, 어족자원 보호를 위한 어업관할수역 설정이 필요했기 때문이다. 평화선은 관계 부처의 검토를 거쳐 첫째 어족자원 보호, 둘째 한일 간 어업 분쟁 방지, 셋째 영해와 대륙붕의 자연자원에 대한 보호와 주권 행사, 넷째 한일 어업 협정 체결을 목적으로 선포되었다.

첫 번째와 두 번째 목적은 맥아더선 폐지에 따른 대응 조치로 한국 어업의 생존을 위한 자구책이었다. 맥아더선은 연합국 최고사령부가 2차 세계대전 종전 직전까지 세계의 주요 어장에서 무분별한 남획을 일삼던 일본 어업을 규제하고자 설정한 어로금지선이었다. 이를 당시 연합국 최고사령부 맥아더 사령관의 이름을 따 일명 '맥아더선'이라고 불렀다. 맥아더선 설정으로 세계적으로 우수한 어업 능력을 보유한 일본 어업계는 원양 어업이 불가능해지자 연안 어업으로 몰려

들었고, 한국 어장에 불법으로 침범하여 어로 행위를 했다. 세계에서 손꼽히는 어업 능력을 갖춘 일본과 한참 뒤떨어진 조업 능력으로 근해 어업을 벗어나지 못했던 한국 영세 어업은 처음부터 공정한 경쟁이 되지 못하는 상대였다. 한국은 맥아더선에 큰 기대를 걸었지만, 일본의 불법 조업을 막아낼 수는 없었다. 이처럼 한일 간 어업 분쟁은 정부수립 이전부터 큰 문제가 되었던 터였다. 따라서 한국은 대일강화조약에 맥아더선 유지 조항을 삽입하고자 하였으나 실패했다. 그리고 한일 예비회담에서 일본은 준비가 부족하다는 이유로 한국의 어업 협상 제안을 거부했다. 1952년 4월 맥아더선은 폐지되었다.

한편, 평화선은 당시 해양에 관한 국제적 추세를 반영한다. 1945년 9월 28일 미국 트루먼(Harry Shippe Truman) 대통령의 선언을 시작으로 멕시코, 칠레 등 중남미 각국이 대륙붕 상의 주권과 어업관할수역 설정을 선언했다. 한국도 평화선을 선포하기 전 이 같은 각국 사례를 자세히 검토했고, 특히 미국의 트루먼 선언에서 영향을 받았다. 미국을 비롯한 세계의 다수 연안 국가가 대륙붕의 자원 개발에 관심을 두고 주권을 선언하고, 공해 상의 일정 수역에 대한 관할권을 주장한 것은 평화선 선언과 크게 다르지 않다. 그러나 일본은 대륙붕 이론이 아직 국제법상 확립되지 않았으며, 미국과 여타 국가들의 사례와는 다르다는 이유로 평화선을 인정하지 않았다. 그리고 평화선의 가장 중요한 목표가 한국의 어업을 보호하기 위한 생존권 수호이자 일본과 어업 분쟁을 해결하기 위한 분쟁 방지라는 점에는 눈길조차 주지 않았다. 일본은 평화선 선포를 한일 관계에 불을 댕긴 가장 도발적인 것으로 받아들였다. '공해자유 원칙에 어긋난 국제법상 불법일 뿐 아니라 자국의 영토 다케시마(독도)를 침범했다' 는 것이다.

그러나 이승만은 미국과 일본의 반대를 무릅쓰고 평화선을 침범하는 일본 어선을 나포하고 어부들을 억류하는 강경한 후속 조치를 즉각 실행했다. 이 조치는 일본으로 하여금 한일회담에 관심을 두게 했다. 한일 회담에서 한국의 대일청구권 요구를 대한청구권 요구로 맞받아침으로써 과거사 청산에 대한 의지가 없음을 분명히 밝혔던 일본이었다. 그러나 평화선을 침범한 자국 어선이 계속 나포되고 자국 어부들의 억류 숫자가 증가하자 여론이 들끓었고, 일본은 협상의 장으로 나서게 되었다. 이승만 재임 기간 중 일본이 한일 관계와 한일 회담에서 유일하게 관심을 뒀던 문제는 바로 평화선 문제였다. 일본의 조바심은 한국인들에게 평화선을 반일의 상징으로, 이승만의 상징으로 인식시켰다. 다른 한편으로는 평화선은 이때부터 미국과 일본으로부터 이승만 독단의 상징이자 한일 관계 개선의 최대 장애로 지목받았다.

평화선이 선포되고 난 직후 일본은 한국의 '불법적' 나포 행위에 대응해 자위대를 동원하여 자국 어선과 어부를 보호하겠다는 방침을 천명했다. 이대로 간다면 평화선 수역에서 한국과 일본의 경비선이 직접 충돌할 가능성이 컸다. 그러나 미국의 개입으로 양국 충돌은 잠간 보류되었다. 미국의 입장에서 한국전쟁 중 두 동맹국이 무력 충돌로까지 치닫는 것은 전술상 문제가 될 뿐 아니라 공산군 측에게도 좋은 선전거리를 던져주게 되기 때문이었다. 그래서 미국은 맥아더선과 유사한 클라크선을 선포해 한일 양국의 충돌을 적극적으로 방지했다.

군사 목적의 '방위수역(Sea Defense Zone)'은 유엔군 사령관 클라크 장군의 이름을 따 클라크선으로 불렸다. 미국은 클라크선은 평화선과 무관하다고 주장했지만, 클라크선 선포에는 한일 간 어업 분쟁을 방지하기 위한 목적이 있었다.

일본은 클라크선은 국제법상 불법이며 평화선과 유사한 기능을 갖고 있다며 반발했다. 평화선과 클라크선은 공해상 일정 구역에 대한 관할권을 주장하고, 한국 해군이 클라크선 경계에 나서며, 일본 어선의 출어를 금지한다는 점에서 놀랍도록 유사하다는 것이다. 심지어 한국은 '전시'가 아닌 '평시'라고 주장함으로써, 클라크선은 국제법상 전시 조치로 볼 수 없다고 주장했다. 북한과 중공은 유엔에서 승인받지 못했기 때문에 한국전쟁은 국가 간 전쟁이라고 볼 수 없다는 것이다. 그러나 미국의 강력한 개입과 경고로 일본 어선들은 클라크선 침범을 극도로 자제했다.

일본의 반발에도 미국의 강력한 조치로 평화선 수역에서 일본 어선의 나포 수도 줄어드는 등 한일 간 충돌은 잠잠해졌다. 그러나 1953년 7월 휴전 협정이 체결되자 8월에 클라크선도 폐지되었다. 일본은 클라크선이 폐지되었기 때문에 더는 평화선 수역에서 일본의 어로 활동이 제한받을 근거가 없다고 주장했다. 그리고 일본 어선들은 대거 평화선 수역으로 몰려들었고, 다시금 일본 어선의 나포 수는 증가하기 시작했다.

일본의 주장을 따르면 1947년부터 1965년까지 한국이 나포한 일

본 선박은 325척이었다. 그중에서 맥아더선 존속 기간인 1947~1951
년까지 나포된 선박은 근 100척으로 전체 나포 어선의 약 삼분의 일에
가깝다. 이것은 맥아더선이 그다지 효력을 발하지 못했다는 것을 의
미한다. 그리고 클라크선이 선포된 후 잠시 소강상태를 보이던 나포
수가 이것이 폐지된 1953년부터 급증한다. 일본은 미국이 그어 놓은
맥아더선과 클라크선 침범 사실에 대해서는 아무런 해명도 하지 않았
다. 한국의 평화선과 나포만이 문제였다. 그러나 일본의 비난에도 일
본 어선 나포 수는 연간 불법 침범한 일본 어선 수의 0.7퍼센트를 밑
도는 수준이었다. 100척 중 운이 좋으면 1척을 잡을 둥 말 둥 한 수준
이었던 것이다. 한국 경비정이 일본 어선의 성능을 따라잡을 수 없었
기 때문이다. 그러니 나포되지 않은 수많은 일본 어선들이 존재한 셈
이고, 이들이 영세한 한국 어업에 큰 타격을 주었다는 것은 말할 필요
가 없었다. 평화선이 생명선이라는 한국 어민들의 주장은 결코 과장
이 아니었다. 더구나 어업계는 6·25전쟁으로 수산물 제조 시설의 75
퍼센트, 제빙 시설의 66퍼센트, 어항 시설 28퍼센트, 어선 10퍼센트,
어망·어구 30퍼센트 등 막대한 피해를 보았다. 따라서 50여만 한국
어민들의 생존 문제는 심각했다. 이승만이 평화선을 선포하고 미국과
일본의 비난을 무릅쓰면서도 재임 기간 중 평화선을 철폐하지 않은
것은 한국 어업계의 영세한 실정 때문이기도 했다. 물론 평화선은 한
일 관계에서 한국이 쥔 거의 유일한 협상카드였을 뿐 아니라 한일 관
계를 지렛대 삼아 한미 관계를 도모하려는 이승만의 유효한 카드이기
도 했다.

일본 어선의 평화선 침범을 막고 있는 해안 경비대. (1958년)

한편, 일본 어선은 한국뿐 아니라 구 소련, 대만, 중국 등에 의해서도 나포되었다. 이들 국가는 어구 침범, 스파이 혐의, 영해 침범, 연안 어업 방해 등으로 일본 어선을 나포·억류했고, 그 수는 매년 증가했다. 일본 어선의 남획과 불법 어로 활동은 한국을 비롯한 주변 국가들의 골칫거리였다.

미국은 공해상의 자유항행 원칙을 들어 평화선에 반대했다. 그러나 호주와 노르웨이는 깊은 관심을 표명했고, 주일 대표부에 평화선 선포문의 사본을 요청해 오기도 했다. 특히 호주는 일본과 어업 협상을 진행 중이었기 때문에 평화선 선포에 관심을 표명했다. 이후 호주는 어업 협상 결렬 직후 1953년 9월 11일 인접 대륙붕에 대한 주권을 선언하고, 어업관할구역을 설정했다. 일본은 공해 상의 자유항행 원칙에 어긋나는 조치라고 즉각 반발하고 국제 사법 재판소에 제소하자고 요구했다. 한국만 일본과 어업 분쟁을 겪었던 것은 아니었다. 그밖에도 일본은 구 소련, 중국, 대만 등 인접 국가들과의 어업 분쟁에 휘말려 있었다. 문제는 유독 한국에 대해서만 고압적인 자세를 취했다는 것이다.

한국은 일본이 미국과 캐나다에는 어업관할권을 인정해 주고, 한국에는 공해자유 원칙을 들어 이를 인정하지 않는 이중적 태도를 비판했다. 일본이 미국·캐나다와 체결한 어업 협정은 일본에 불리한 내용으로 일본 내에서도 이 협정이 아시아 국가들과의 어업 교섭에 악영향을 줄 것이라는 우려가 제기될 정도였다. 이후에도 일본은 구 소련·중국 등과 불리한 어업 협정을 체결했다. 그런데 한국과 어업 협상에서는 한 치의 양보도 하지 않으려는 고압적 태도로 일관해 일본 내에서도 이중적 태도로 비판받았다.

한일 관계 그리고 미국

한일 관계는 양국 관계가 아닌 한·미·일 삼국 관계를 통해서만이 그 본질에 다가갈 수 있다. 한일 관계는 미국의 아시아 정책 속에서 형성되고 조율되었기 때문이며, 양국도 미국의 중재와 개입이 아니라면 굳이 관계를 개선할 이유가 없었다. 1950년대 경제·군사적으로 미국의 대대적인 지원을 받았기 때문에 한일 관계 개선을 통해 양국이 얻을 수 있는 것은 크지 않았다. 그러나 미국에게 있어 주요 동맹국인 한국과 일본의 관계 개선은 아시아 반공 진영의 축을 강화하는 중요한 사안이었다. 따라서 미국은 대일강화조약이 체결된 직후 서둘러 중재에 나서 한일 회담을 주선하기에 이르렀다. 미국은 한일 간 과거사에는 관심이 없었다. 이승만 재임 기간 중 미국은 한일 관계에 대해 중재, 개입, 불개입 등의 방침을 오갔지만, 양국 간 국교 수립은 이루어지지 않았다. 그러나 미국은 한일 관계에 처음부터 끝까지 개입함으로써 결정적인 역할을 했다. 첫 번째 사례는 대일강화조약이다.

　한국이 대일 관계에서 우위를 차지할 수 있는 절호의 기회는 대일 강화 회의에 연합국의 자격으로 참석하는 것이었다. 연합국이 되면 패전국 일본과 강화조약을 체결할 자격을 얻게 되고, 승전국이 누리는 권리를 가질 수 있게 되기 때문이다. 한국은 비록 일본의 식민지였다 하더라도 대한민국 임시정부가 존재했고 광복군이 대일전에 참전했기 때문에 연합국의 자격이 있다고 강조했다.

애초 미국은 한국의 요구를 받아들여 대일 강화 회의에 참가시킬 생각이었다. 독도 문제, 청구권 문제 등 한일 간의 현안 문제는 과거사와 양국의 태도를 생각한다면 양국 간 협상을 통해서는 해결되지 못할 가능성이 컸다. 그래서 1949년 주한 미국대사 무초(John Joseph Mucho)는 장차 예상되는 한일 관계 개선을 위해 양국 간 교섭보다는 강화 회의와 같은 국제 협상 틀이 필요하다고 판단해 한국을 대일 강화 회의에 참가시켜야 한다고 권고했다.

그러나 영국은 임시정부가 승인받지 못했기 때문에 한국은 연합국의 자격이 없다고 반대했다. 일본의 반대는 훨씬 노골적이고 집요했다. 한국은 교전국이 아니며, 만약 연합국의 지위를 부여받게 되면 다수가 공산주의자들인 재일 한국인들이 터무니없이 재산, 배상 등에 관한 권리를 요구할 것이라고 주장했다. 한국에 대해서는 독립을 승인하는 것만으로 충분하며, 이후 한국이 안정되면 양국 간 조약 체결을 통해 관계를 수립하도록 하는 것이 최선임을 강조했다. 결국 미국은 애초 방침을 바꿔 한국을 대일 강화 회의에 참가시키지 않기로 했다. 그러나 미국의 결정은 이것으로 끝나지 않았다.

한국이 미국을 상대로 대일강화조약 체결 과정에서 요구한 것은 다섯 가지였다. 첫째 한국을 대일전에 참가한 교전국으로 인정할 것,

둘째 일본은 한국에 대하여 정부 소유, 개인 소유를 불문하고 모든 재산 요구권을 포기할 것, 셋째 한국을 대일강화조약의 조인국으로 할 것, 넷째 한국과 일본 간 어획 수역을 명백히 결정할 것, 다섯째 일본은 대마도·파랑도·독도에 대한 요구권을 포기할 것 등이다.

그러나 결론부터 말하면 1951년 9월 체결된 대일강화조약에서는 두 번째를 제외하고 한국의 요구는 전혀 받아들여지지 않았다. 첫 번째와 세 번째는 한국은 연합국이 아니라는 이유로 기각되었고, 네 번째는 한일 양국 간 협정으로 해결하도록 위임되었다. 다섯 번째 요구는 조약문에 아무런 명시도 없었고, 양국 간 독도 영유권 문제를 촉발시키는 계기가 되었다. 한국의 다섯 가지 요구는 한일 회담의 주요 의제가 되는 문제고, 이승만 집권기 내내 한일 간 분쟁을 고조시킨 문제다. 만약 이때 한국이 연합국의 자격을 인정받았다면 믄제가 없었을 것들이다. 냉혹한 국제 정치 속에서 약소국 한국의 위상을 가감 없이 보여준 것이다.

그러나 분명히 확인할 수 있는 것은 한일 간 문제는 양국 간 문제가 아니었다는 점이다. 미국이 개입하고 중재한 삼국 간 문제였다. 미국은 독도 문제에 대해서는 앞서 살펴본 외교 각서를 통해 일본의 영유권 주장을 수용했으며, 청구권 문제에서도 중립적 태도를 가장함으로써 양국 분쟁을 고조시켰다. 1951년 9월 대일강화조약이 체결되고 미국은 한일 양국 회담을 적극적으로 알선했다. 한일 관계 개선이 미국 동아시아 정책의 중요한 요소였기 때문이다. 한국도 대일강화조약 서명국이 되지 못했고, 일본과 해결해야 할 문제가 많았기 때문에 회담 개최에 동의했다. 일본은 당장 한국과 회담해야 할 필요는 없었지만, 미국의 압력을 무시할 수 없었다.

그러나 한일 회담이 개최되자마자 양국은 청구권 문제를 둘러싸고 격돌했다. 일본이 사유 재산에 대한 반환을 요구했기 때문이다. 한국은 대일강화조약의 관련 조문에 대한 해석을 미국에 의뢰했다. 미국은 미군정청이 한국 정부에 귀속 재산을 이양한 것은 정당하다고 일본의 주장을 기각했지만, 청구권 문제는 한일 간 협의를 통해서 해결해야 한다는 단서를 붙임으로써 일본의 주장에도 힘을 실어주는 이중적 태도를 보였다. 이승만이 미국의 이 같은 일본 중시 정책과 인식, 태도 등을 못마땅해 한 것은 어쩌면 당연한 일이었다.

(1) 우리가 한일 회담을 하고 싶어서 하는 줄 아나. 미국 친구들이 자꾸 하라고 권하고, 또 세계 여론을 생각해서 마지못해 하는 것이지. 자네 분명히 들어둬. 내가 눈을 감을 때까지는 이 땅에 일장기를 다시 꽂지 못하게 할 거야.

(2) 김총재더러 국교정상화하라고 보내는 게 아니야. 지금은 일본과 국교정상화할 때가 아니지. 적어도 40세 이상 된 한국 사람들이 모두 죽은 뒤라야 국교정상화가 제대로 되는 거야. 그러니 김대사도 저 사람들이 무슨 소리를 하든지 그저 듣기만 해. 아무 것도 하지 말고 나에게 보고만 해. 내가 무어라고 하기 전에 절대로 움직이지 말어.

(3) 지금 스무 살이 넘은 사람은 일본으로부터 압박받은 비애를 피부로 느꼈을 거야. 그러나 그 후 세대는 36년간의 치욕을 역사로 전해 알

뿐 뼈저리게 느끼지는 못해. 그러니 내가 살아 있을 때는 일본이 과거 우리에게 이런 혹독한 짓을 한 경계할 민족이란 사실을 담화나 서적으로 남기는데 주력하고 토대만 닦은 뒤 내 뒤를 이은 사람이 문제 해결을 하는 게 좋겠어.

인용문 (1)은 양유찬 주미대사를 한일회담 한국 측 수석대표로 발탁한 후 한 이야기다. 이승만은 양유찬에게 한일회담에 응하는 것이 결코 자의가 아니며, 미국의 강력한 압력 때문임을 강조했다. 당시 한국 관료 중에는 일본 유학파 출신들이 대거 포진해 있었다. 이들은 일본어에 능숙할 뿐 아니라 일본에 대해서도 잘 아는 인물이었다. 이승만은 이들을 제치고 일어를 전혀 못하는 대신 영어가 유창한 양유찬을 선택했다. 이승만은 한일회담은 양국 간 회담이지단 어차피 미국을 상대로 해야 한다는 점을 염두에 둔 것이다.

또한 이승만은 한일회담 대표단에 협상 과정에서 일본어 사용을 금지하고 영어를 사용토록 지시했다. 한국 대표단에는 곤혹스러운 일이었다고 한다. 한일회담에 참가했던 사람 중에는 협상이 난항을 거듭할수록 양측 모두 안 되는 영어로 회의를 진행하는 것 자체가 큰 두통거리였다고 회고한다. 그래서 비공식적으로는 일본어로 회의를 진행하기도 했다고 한다.

이승만의 일본에 대한 생각은 그의 집권 후반기에도 변함이 없었던 것 같다. 인용문 (2)는 1957년 김유택을 주일 대표부 대사로 임명하는 자리에서 이승만이 당부한 내용이다. 당시 한국은행 총재였던 김유택은 일본 규슈제국대학〔九州帝國大學〕법문학부를 졸업한 경제전문가였다. 이 자리에서도 이승만은 김유택에게 일본어는 절대로 사용하지 말고 영어를 사용하라고 당부했다. 그러나 1957년 12월 김유택이 모교인 규슈제국대학을 방문했고, 이 여행 과정에서 그가 일본어를 한다는 사실이 일본 언론에 대서특필 되었다. 그리고 이 사실은 주일 대표부 공사 유태하의 '게릴라 리포트'로 이승만에게까지 보고되었다고 한다.

인용문 (3)은 오랫동안 주일 대표부에 근무하면서 누구보다도 이승만의 총애를 받았던 유태하의 증언 내용이다. 이를 통해 보면 이승만이 한일 관계와 미국, 한미 관계에 대해서 어떤 생각을 했었는지 짐작할 수 있다. 일본에 대해서는 반일을 기조로 했었다면 미국에 대해서는 애증이 교차했던 것 같다. 반면 미국은 시간이 흐를수록 이승만을 다루기 어려운 사람으로 인식했다.

1953년 6월 18일 전 세계가 깜짝 놀랄만한 일이 한국에서 벌어졌다. 이미 1950년 6월 25일 전쟁이 발발한 이래 세계 이목의 중심에서 있던 한국이었지만, 이날의 일은 동맹국 미국의 허를 찌르는 일대 '사건'이었다.

앞으로 빚어질 이 중대한 결과를 피하고자 나는 1953년 6월 18일 이날에 나 자신의 책임 하에 반공적인 한국인 포로들의 석방을 명하였다.
내가 국제연합군 사령부와 기타 당국자들과 충분한 협의 없이 이 조치를 취하게 된 이유는 설명을 안 해도 너무나 명백한 것이다.

각도의 도지사와 경찰 책임자들에게는 자기들의 능력을 다 하여 이들 석방된 포로들을 돌봐줄 것을 훈령하였다.

마치 한 편의 전격 기습 작전을 방불케 한, 반공 포로 석방을 명령한 이승만의 성명서 내용 일부다. 유엔군 측과 공산군 측 간의 휴전 협상이 막바지에 이르자 이승만은 전격적으로 반공 포로 석방을 단행한다. 우려가 현실이 되어 벌어진 전쟁 속에서 이승만은 전쟁 전 분단 상태로 돌아가는 휴전에 적극적으로 반대하고 북진통일을 강력히 요구했다. 그래서 이승만은 공산 측과의 타협에 절대 반대했고, 휴전 협정 체결도 강력히 저지하고 나선 것이다.

1949년 주한 미군 철수를 앞두고 미국의 확고한 방위 공약을 요구했다가 번번이 좌절했던 이승만이었다. 심지어 반공 연대를 강조하고자 일본을 방문하기도 했다. 더구나 미국은 1951년 9월 대일강화조약 체결과 동시에 일본과 방위조약을 체결했다. 미국은 8월에 필리핀과 방위조약을 체결하고 호주·뉴질랜드와도 방위조약을 체결한 상태였다.

공산 측은 즉각적인 포로 재수용을 요구했지만, 이승만은 거절했다. 미국도 이승만의 돌출 행동에 비난을 퍼부었다. 덜레스 미 국무장관은 "우리는 참을 만큼 모든 것을 참아 왔고, 대한민국 정부가 어떤 급격한 태도 변화를 보이지 않는 한 우리는 어떠한 원조나 어떠한 보장책도 제공하지 않을 것"이라고 경고했다. 휴전 협상이 시작된 이래 이승만의 계속된 반대는 미국으로 하여금 그를 체포해 실각시킬 계획

휴전 협상이 한창이던 1953년 6월 18일 이승만 대통령은 미국과 협의 없이 전국의 반공 포로 2만 7000여 명을 석방시켜 세계를 놀라게 했다. 북한 반공 포로들이 이승만 대통령의 초상을 들고 행진한다.

반공 포로들이 태극기를 앞세우고 행진하고 있다.

이승만 대통령의 방문을 열렬히 환영하는 거제도 반공 포로들.

을 구상하게 할 지경이었다.

미국은 항상 실행 가능한 계획이라는 의미의 '에버레디 계획(Plan Everready)'이라는 이승만 제거 계획을 수립한 바 있었다. 집요하게 휴전 협상을 반대하는 이승만의 기를 꺾어 놓기 위해 군부 쿠데타를 통해 이승만을 실각시키는 계획이었다. 이종원의 연구를 따르면 '에버레디 계획'으로 확정되는 미국의 이승만 배제 계획은 1952년 부산정치파동에서 생겨났는데, 주한 미국 대사관, 국무부의 북동아시아과 등 대한 정책 실무자들이 적극적으로 주도했다. 이들은 1951년경부터 대일 정책과 경제 정책, 휴전 문제 등 번번이 미국의 정책과 충돌을 반복해 온 이승만의 교체를 바랐기 때문이다. 전쟁을 수행 중이던 미 군부의 반대로 이러한 강경 정책은 채택되지 않았다. 이후 미국은 포스트 이승만 체제를 모색하기 시작했다. 이 와중에 벌어진 반공 포로 석방은 이승만을 미국도 두 손 들 만큼 통제 불능의 사람으로 깊이 인식시키는 결정적 계기가 되었다.

다루기 힘든 동맹국의 지도자 이승만이었지만, 미국은 그를 버리거나 한국을 버릴 수 없었다. 결국 반공 포로 석방으로 고조된 1953년 한미 간의 갈등은 상호방위조약 체결 합의로 해소되었다. 이승만은 휴전 협정 체결을 방해하지 않고, 한국이 '아시아 민주주의의 전시장'이 되도록 노력한다는 조건이었다. 이로써 이승만은 바라던 대로 미국의 방위 공약을 확보했다.

미국의 동북아시아 정책에서 보자면 주요 동맹국인 한국과 일본이 반목하는 것은 바람직하지 않았다. 압력, 중재, 권고 등 다양한 방

1950년 5월 30일 선거 결과 야당이 압승해 대통령 이승만의 재선이 어려워지자 1951년 11월 30일 정부는 대통령 직선제 개헌안을 국회에 제출했다. 그러나 1952년 1월 18일 국회가 이를 부결함으로써 정부와 국회 간의 알력이 시작됐다. 정부는 국회 해산을 요구하는 '관제민의(官製民意)'를 동원해 국회의원을 위협했다. 또 5월 25일 국회 해산을 강행하기 위해 부산을 중심으로 한 23개 시·군에 계엄령을 선포하고, 정헌주, 이석기, 서범석, 임순홍 등 12명의 국회의원을 구속했다.
그러나 국제적으로 비난 여론이 쇄도하자 이승만 대통령은 6월 4일 국회 해산을 보류한다고 표명했다. 이를 계기로 부통령 김성수가 사임했고, 국회의원 장택상을 중심으로 한 신라회(新羅會)가 주동이 되어 대통령 직선제 정부안과 내각책임제 국회안을 발췌·혼합한 '발췌개헌안'을 마련하기에 이르렀다. 7월 4일 경찰과 군인들이 국회의사당을 포위한 가운데 국회의원들은 기립 투표 방식으로 출석의원 166명 중 찬성 163표, 반대 0표, 기권 3표로 발췌개헌안을 통과시켰다. 이로써 이승만 독재 정권의 기반이 굳어졌다.

법을 써 보았으나 한일 관계 개선은 이루어지지 않았다. 미국은 그 이유를 스스로 잘 알았다. 1953년 미 국무부가 작성한 정보보고서에 따르면 관계 개선의 키워드는 '미국'이었다. 이에 따르면 한국은 지리적 근접성, 반공주의적 정치지향성, 한일 경제의 상보성을 인식해 한일 관계 개선을 염두에 뒀었다. 그러나 일본의 위협으로부터 한국을 지켜줄 키워드가 미국이라고 생각했고, 미국으로부터 더 많은 경제·군사적 지원 보장을 요구했다. 또한 한국의 대일 태도는 이승만에 의해 형성, 통제되었다.

반면 일본 정부는 한국 문제를 심각하게 생각했지만 시급하다고 여기지는 않았다. 그러나 일본도 기본적으로 미국의 압력, 한국과의 갈등이 경제 재건과 극동 국가들과의 관계 개선에 미칠 악영향, 한반도에 대한 전략적 중요성과 한국 분단 상황 등의 이유로 한일 관계 개선이 필요하다고 인식했다. 그렇다고 이런 이유들이 불리한 조건을 감수하고라도 관계를 개선케 할 강제 요소는 아니었다. 또 한 가지의 문제는 일본의 협상 태도다. 일본은 과거 식민 지배 역사, 재일 한국인에 대한 뿌리 깊은 편견, 기술력·생활 수준·잠재적 군사력·국제적 지위 등에서 한국에 대한 우월감이 있다는 점이 지적되었다.

이 보고서는 결론적으로 온건한 한국 지도자의 출현, 미국의 대한(對韓) 공약 강화, 한국전쟁 휴전에 따른 일본의 반공 동맹의 필요성 인지, 특히 일본에 대한 미국의 압력은 협상 타결을 촉진할 것이라고 했다. 이 보고서에서 주목할 것은 일본이 이승만보다는 좀 더 온건한 한국 지도자의 출현을 기대한다는 분석과 미국 일각에서도 이를 고려했다는 점이다. '에버레디 계획'은 실행에 옮기지만 않았을 뿐 항상 실행 가능한 계획으로 준비되었다.

친미적 태도의 배경

이승만은 1875년 황해도 평산에서 태어났다. 어려서 서울로 이주한 후 어머니로부터 천자문을 배우며 서당에서 전통 한학 교육을 받았다. 그는 갑오경장으로 과거제가 폐지될 때까지 거의 매년 과거에 응시했으나 번번이 낙방했다. 입신양명의 지름길로 과거 합격만을 목표로 했던 이승만에게 과거제 폐지는 좌절감을 안겨 주었다.

그러던 차에 정부의 적극적인 후원으로 사회 전반에 걸쳐 신학문에 대한 관심이 고조되었다. 이승만도 신학문 배움으로 진로를 변경, 배재학당에 진학하여 '영어'와 '기독교'라는 새로운 세계를 접했다. 그는 뛰어난 어학 능력 덕에 빠른 속도로 영어를 습득해 갔다. 24세 때인 1898년에 배재학당을 졸업할 때는 영어로 연설할 정도로 뛰어난 실력을 갖추게 되었다.

영어와 기독교는 이후 그의 진로와 삶의 방식을 결정한 귀중한 계기였다. 과거 합격에만 몰두해 왔던 시절에는 알 수 없고 볼 수 없었던 이른바 국내외 정세에 눈뜨게 된 것이다. 그리고 정치는 바로 정세에 따라 유동하고 결정된다는 것을 서서히 깨닫기 시작했다.

이승만은 배재학당 졸업 후 《협성회회보》와 《매일신문》, 《데국신문》에서 언론인으로 활동하면서 언론 활동을 통한 개화 활동에 앞장섰다. 이 과정에서 그는 여론 형성의 중요성을 깨달았다.

이승만이 정치가로서 본격적인 행보를 보인 것은 만민공동회 연사로 나서면서부터다. 1898년 3월 서재필의 주도로 대규모 민중집회였던 제1회 만민공동회가 개최되었다. 아관파천 이후 러시아의 내정 간섭과 이권 개입을 저지하고자 개최된 집회에서 이승만은 러시아 세력의 철수를 강조하는 연설을 통해 정치 무대에 데뷔했다. 그의 반러 의식과 태도는 이때부터 평생을 이어져 해방 이후에는 철저한 반소 의식으로 강화되었다. 반면 이때 일본에 대한 그의 생각은 대세 추종적이었는데, 러시아의 남진을 막기 위해서는 황인종끼리 단결해야 한다는 일본의 주장에 동조하기도 했다.

그러나 이승만은 박영효 쿠데타 음모 사건에 연투되어 1899년 체포되어 1904년까지 투옥되었다. 그의 나이 24세에서 29세까지의 일이다. 혈기왕성한 청년기를 옥중에서 보내면서 기독교로 개종했고, 지적 탐구를 게을리하지 않았다. 미국인 선교사들의 헌신적인 옥바라지 덕분이었다. 감옥에서의 지적 탐구는 그의 생애에서 가장 집중적인 지적 성숙의 시기였다. 그의 탐구 결과는 옥중에서 집필한《독립정신》에 집약되어 나타났다. 한국인의 기독교도로 교화, 만국 공법에 따른 중립 외교 등을 골자로 한 이 책은 이승만이 신학문을 수용한 이후 자신의 언론·정치 활동을 집약한 책이었다. 당시 이승만에게는 한국의 서구화만이 살길이며 미국은 그 이상적 모델이었다. 미국에 대한 지나칠 만큼의 친밀감과 신뢰성은 이렇게 형성되었다. 그리고 개화 운동을 하다 투옥되었던 일은 정치가로서 경력에 보탬이 되었을 뿐 아니라 '미국' 그리고 '외교'의 중요성을 깨닫게 했다.

1904년 석방된 이승만은 곧 미국행에 나섰다. 유학과 개인 밀사 외교 활동을 시도하기 위해서였다. 한미수호조약에 따라 미국의 '거중조정(居中調停, 제삼자가 국제 분쟁을 일으킨 당사국 사이에 끼어 분쟁을 평화적으로 해결하는 일)'을 청원하기 위해서였다. 결과는 실패였지만 그의 주가를 높이는 계기가 되었다. 전 주한 미국공사 딘스모어(Hugh A. Dinsmore) 상원의원의 소개로 미 국무장관 헤이(John Milton Hay)와 루스벨트(Theodore Roosevelt) 대통령을 만났던 것이다. 그러나 당시 미국은 일본의 한국에 대한 종주권을 인정한다는 가쓰라-태프트 밀약(The Katsura-Taft Agreement)을 추진하던 시점이었다. 따라서 한국의 문호를 개방해 열강의 진출을 저지해 달라는 청원은 들어줄 수 없었다. 그러나 이 일을 계기로 이승만은 일약 유명인이 되었다. 젊은 나이에 미국의 대통령과 국무장관을 만난 사람이었기 때문이다.

이승만은 비록 외교 활동은 실패했지만, 선교사들의 도움으로 유학 생활을 시작할 수 있었다. 1905년 조지워싱턴대학에 편입해 학사 학위를 받고 하버드대학에서 석사 학위를, 프린스턴대학에서 박사 학위를 받았다. 이때가 1910년으로 5년 반 만에 박사 학위까지 취득했다. 초고속으로 박사 학위를 취득할 수 있었던 것은 미국 선교사들과 기독교계의 전폭적인 지지가 있었기 때문이었다. 이승만은 장차 한국 선교를 위해 귀중하게 쓰일 재목으로 주목받았던 것이다.

이승만은 박사 학위를 받고 1910년 10월 귀국했다. YMCA에서 시작한 그의 활동은 종교 활동과 교육 활동이 전부였다. 이승만을 가장 가까이서 보좌한 로버트 올리버(Robert T. Oliver)는 이때의 모습을 "일본에 대하여 적극적으로 찬동하거나 적극적으로 반대하지 않고도 그들 틈에서 살 수 있을 것으로 생각했다"고 말했다. 일본이 한국을 강제로 병합한 직후 귀국한 그는 왜 그렇게 생각했던 것일까? 올리버의 말대로 현실에 적응하려고 한 것일까? 아니면 미국 선교사들의 후원으로 학업을 마친 그가 정치 활동보다는 선교 활동을 택할 수밖에 없었던 것일까? 아마 두 가지 모두가 답일 것이다. 이때까지 이승만에게 뚜렷한 대일관을 찾아내기는 어렵기 때문이다.

1905년 8월, 미국 대통령 시어도어
루스벨트만나기 위해 예복을 갖춘
이승만 박사.

그러나 그의 귀국 생활은 짧게 끝났다. 1912년 '105인 사건'이 터
지자 그를 위험에서 보호하려는 미국 선교사의 주선으로 다시금 미국
행에 올랐기 때문이다. 이때부터 이승만은 1945년 10월 귀국할 때까
지 긴 미국 망명 생활을 했다. 청년, 장년, 노년의 시기를 미국에서 보
낸 것이다. 오랜 미국 생활이 그의 가치관과 삶의 방식 형성에 얼마나
큰 영향을 주었을지는 가히 짐작할 수 있다. 올리버에 따르면 이승만
의 친미적 인식과 태도는 오랜 미국 생활에서 사고가 미국화되어서라
기보다는 1904년 이래 미국 정부와 여론의 입장에서 한국 문제를 고찰
해 왔기 때문이라고 한다. 이보다 더 정확하게 이승만의 대미관과 정

치가로서의 좌표를 보여 주는 평은 없을 것이다.

　이승만이 해방 이전에 보여준 정세 인식과 독립운동의 방법은 대미 외교를 통한 독립이었다. 한국은 독립할 준비가 부족하므로 실력을 양성해야 하고, 국제 정세에 따라 외교적으로 독립을 호소하는 방법이 가장 적절하다고 생각했다. 그의 이러한 외교 독립 노선은 한국의 자력 독립을 부정하는 외세 의존적 노선이라는 비판을 받았다. 또한 일제 강점기 하 지식인들의 가치관에서 가장 중요한 척도인 대일 인식도 미국을 기준으로 사고하고 실행했다.

　이승만의 대일 인식은 우호적 인식에서부터 소극적 반일, 적극적 반일의 변화를 보였다. 그리고 이러한 대일 인식의 밑바탕에는 '미국'이 있었다. 이승만이 철저한 '반일주의자'로 알려지게 된 것은 그가 미국에서 독립운동을 했다는 경력에다가 해방 이후 미국의 지속적인 한일 국교 수립 체결 압력을 거부하면서 일본에 대해 강경한 정책과 태도로 일관했다는 인상 때문이다. 그러나 이승만의 대일관은 대단히 현실주의적이었고, 미국 추종적이었다. 그 대표적인 사례가 스티븐슨(Durham W. Stevens)을 저격한 장인환, 전명운의 변호를 거부한 일이다.

　1908년 3월 23일 미국 샌프란시스코에서 장인환이 친일파 스티븐스를 사살한 사건이 발생했다. 이승만은 이 사건의 통역을 의뢰받았으나 학생 신분과 기독교인으로서 살인자를 변호할 수 없다는 이유로 이를 거부했다.

　스티븐스는 통감부 고문관이자 친일 반한 인사로 이때 미국의 반일 감정을 완화하고, 일본의 한국 지배의 당위성을 선전하려고 미국에 파견됐다. 그는 미국 도착 당일 "일본의 한국 지배는 한국에 유익하다"라는 친일 발언으로 교민 사회에 큰 반발을 불러일으켰다. 그리고 스티븐스는 이런 친일 발언에 항의하고 취소를 요구하러 온 교민 대표들 앞에서도 망언을 계속했다. 한국은 독립을 유지할 능력과 자격이 없으며, 일본이 한국을 차지하지 않았다면 러시아에 빼앗겼을 것이라고 했다.

이런 발언을 전해 들은 샌프란시스코 한인 교포들의 분노는 극에 달했고, 장인환과 전명운은 각각 스티븐스를 응징해 일본과 그의 만행을 만천하에 알릴 계획을 세웠다. 사건 당일 스티븐스가 오클랜드 부두에 도착하자 먼저 전명운이 권총을 발사했으나 불발에 그쳤고, 뒤이어 장인환이 발사했다. 두 사람은 현장에서 체포되었고, 스티븐스는 병원으로 옮겨져 한동안 치료를 받다 사망했다. 이 사건을 접한 교포들은 두 사람의 행동이 애국심의 발로였다는 점을 적극적으로 강조하고, 이들을 구명하고자 분주히 움직였다. 이때 이승만에게 미국 변호사의 통역을 의뢰했다.

이승만이 통역을 거절한 이유는 대체로 세 가지 정도로 알려졌다. 첫째는 무력을 통한 운동 방식에 대한 거부감, 둘째 기독교인으로서 살인자를 옹호할 수 없다는 신앙심, 셋째 보스턴에서 재판이 열리는 샌프란시스코까지가 너무 멀어서 학업에 지장이 있을 수 있다는 판단이 그 이유다. 그러나 이승만의 전기에 따르면 미국 내 여론 악화 때문이었을 가능성도 있다. 미국인들에게 자기 나라에서 자국인이 동양인들에게 저격당했다는 사실은 그 자체만으로도 분노를 자아낼 만한 일이었기 때문이다. 이승만은 통역을 거절한 일로 교민들의 비난을 받아야 했다. 이 일은 우리에게 익숙한 '독립운동가'의 면모와는 거리가 있다.

전명운은 구속 기소된 지 97일 만인 1908년 6월 27일 증거 불충분으로 무죄 보석된 후 블라디보스토크로 망명해 버렸다. 장인환은 교민들의 적극 지원과 미국 변호사의 조력을 받으며 재판을 받았다. 변호사의 변론은 일본의 불법적 침략 행위에 대한 저항, 스티븐슨의 매국적 행위에 대한 분노, 정신 이상 등에 맞추어졌다. 1909년 1월 장인환은 25년 징역형을 선고받은 후 변호사와 한인 교포들의 도움으로 수차 가석방 신청을 한 끝에 1919년 1월 석방되었다. 그 후 장인환은 조선으로 귀국해 생활하다 다시 미국으로 건너왔으나 궁핍한 생활 끝에 1930년 55세로 사망했다. 한국인들에게 원수보다 더한 원수의 앞잡이 스티븐스를 응징한 대가로 그는 꿈과 이상을 실현해 보지도 못한 것이다. 장인환의 고달프고 불행한 말로는 맨주먹 맨손으로 독립운동에 뛰어든 많은 이들과 똑같았다. 장인환과 이승만의 뚜렷한 대비는 많은 질문을 우리에게 던진다. 평범한 청년과 전도유망한 지식인을 대표하는 그들이 일제 강점기를 살아내는 방식, 선택 등에서 말이다.

이승만 대일관의 가장 큰 특징은 대일 인식과 태도가 미국의 대일 정책과 밀접한 관계가 있다는 것이다. 때문에 소극적 반일, 적극적 반일 등의 변화를 보이곤 했다. 장인환 사건에서는 소극적이었지만, 1921년 워싱턴 군축 회의를 전후한 시기에 미일 개전론이 등장할 정도로 미일 관계가 악화하자 적극적인 반일을 주장했다가, 이 회의가 미일 협력으로 종결되자 그 이상의 반일 주장을 제기하지 않았다. 그는 이러한 대일 태도를 1939년까지 지속했다가 2차 세계대전이 발발한 후에는 적극적인 반일 태도를 견지했다. 미국과 일본의 개전이 눈앞에 박두한 시점이었다.

한다면 기어이 하고 마는 사람

해방 후 이승만은 일본에 대한 불신과 의혹을 품고 일본의 침략성이 군사적 형태가 아닌 정치·경제적 형태로 재연될 가능성을 우려했다. 따라서 비록 미국의 주선과 압력으로 한일 회담에 나섰지만, 자신의 집권 기간에 한일 관계가 개선될 것으로 생각하지 않았다.

미국 망명 시절부터 이승만의 측근이었고, 외무장관, 유엔대사 등을 역임하고 4차 회담의 수석대표로 지명되었던 임병직은 이승만의 대일 인식이 단순한 '감정'이나 '고집'이 아닌 일관된 정책이었다고 증언했다. 그리고 이것은 일본이 언젠가는 제국에 대한 설계를 다시 할 것이기 때문에 경계해야 한다는 신념에서 비롯된 것이라고 했다. 이승만의 측근 인사들도 이와 비슷한 증언을 했다. 윤치영은 이승만이 평화선을 선포한 것은 대미, 대일 외교의 포석이었다고 주장했다. 평소 한국을 얕보는 미국과 일본을 향한 선전 포고였다는 것이다. 특히 당시 휴전 협정이 진행되고 이승만은 휴전을 반대하던 상황에서, 이승만이 '한다면 기어이 하고 마는 인물'이라는 것을 각인시키기는 효과도 가져왔다는 것이다.

평화선 선포가 이 박사의 대일 감정이라고 생각하는 것은 큰 잘못이었다. 그는 평화선 선포로 일본의 비난이나 세계의 여론을 받았으나 그것이 가져올 역사적 의미를 계산하고 있었다. 분명히 평화선은 국제법상 옳았고 일본의 대한 인식에 못을 박아 새로운 계기를 열어 놨다.

평화선 선포가 대미, 대일용의 정치적 효과만을 노린 것은 분명히 아니었다. 그러나 윤치영의 말대로 평화선 선포는 미국과 일본에 이승만에 대한 인식을 강하게 심어 주었을 것이다. 또한, 이승만이 격렬하게 휴전 협상에 반대해 미국으로부터 실각당할 위험성에 노출되기도 했지만, 반공 포로 석방을 통해 뜻을 관철하고자 했던 사례도 '한다면 하는' 그의 면모를 보여 준 것이다. 결국, 미국은 한미상호방위조약 체결에 동의함으로써 정부 수립 직후부터 이승만이 바라던 선물을 안겨 주었기 때문이다.

이상의 회고와 증언을 따르면 이승만의 대일 정책은 미국을 목표로 움직였고, 한편으로 일본에 대한 경계심에 기초했다. 이승만이 개인적으로 강력한 '반일' 의식이 있었을지라도, 일국의 대통령으로서의 처신은 '정치가'일 수밖에 없었다. 그가 과도하다고 평가될 만큼 일본에 대한 적대 의식을 드러낸 것에는 여러 가지 포석이 있었다. 하

한미상호방위조약 비준서에 서명하는 이승만 대통령.

한미상호방위조약 가조인식(1953년 8월 8일)에서 서 있는 이승간 대통령. 그 오른쪽이 임병직 외무장관, 앉아서 서명하는 이는 변영태 외무장관, 덜레스 미 국무장관.

나는 한일 간의 과거사에 대한 국내 여론을 완전히 무시할 수 없었다는 것이다. 여기에 독립운동을 한 개인의 경험도 주요하게 작용했을 것이다.

또 이승만은 한국전쟁을 계기로 한국이 동북아시아에서 차지하는 전략적 중요성을 정확히 인지했다. 이승만은 한미 관계를 통해 한국의 안보를 보장받고, 더 많은 원조를 얻어내려고 했다. 동북아시아 전략의 주요한 두 동맹국, 한국과 일본의 관계 개선은 미국에도 주요한 관심사였다. 따라서 미국은 1950년대 양국 관계에 개입해 압력과 중재를 행사했다. 이 과정에서 이승만은 강력한 반일 의식과 일본에 대해 불신·적대감을 표출해 대미 관계를 조정해 나가는 한편, 일본에는 강력한 견제 책을 구사했다.

이승만의 대일 경계심은 집권 기간 내내 지속적으로 표출되었다. 한국은 일본의 식민 통치를 장기간 받았고, 남북한의 분단, 전쟁 등으로 국가 발전의 출발점에서 어려움을 겪었다. 반면 일본은 미국의 정책적 지원에 힘입어 재차 아시아의 중추로 급부상했다. 그러나 일본은 과거 아시아 국가들의 침략에 대한 반성과 성찰보다는 자국의 패전 충격에서 벗어나지 못하는 태도를 보임으로써, 한국을 비롯한 이웃 국가들의 불신과 의혹을 자아냈다. 이승만의 대일 불신과 의혹도 여기에서 비롯되었다.

이승만은 국제 정치의 냉혹한 현실 속에서 한국의 위상이 전적으로 미국에 달렸다고 생각했다. 따라서 그는 외교에, 특히 미국을 상대로 '올인' 했다고 해도 과언이 아니다. 또한 대일 의혹과 경계도 미국을 지렛대 삼아 방어하고자 했다. 이런 점에서 재미학자 방선주의 이승만에 대한 평가는 시사하는 바가 크다. 방선주는 이승만을 객관적 정세와 조건을 고려해 일본에 대한 강온 양면 전술을 구사하는 현실주의적 정치가, 도쿠가와 이에야스[德川家康]적 인물로 평가한다.

　　이승만은 당대 아시아의 다른 지도자들과 비교한다면 유명 인사에 속했다. 한국의 대통령이었기 때문에 받는 스포트라이트였기에 미국, 유럽, 소련 등 반공, 공산 진영 모두에서 집중적으로 거명되었다. 이원순은 이승만 전기에서 이승만은 오랫동안 서구 언론의 공격 대상이 되는 한편 공산주의 신문에서도 비난을 받는 사람이었다고 썼다. 1952년 10월 소련 외상 비신스키(Andrei Yanuar'evich Vyshinskii)는 유엔 총회에서 이승만을 '유명한 친미파이며 친일파' 라고 비난했다. 《크리스천 사이언스 모니터(The Christian Science Monitor)》지는 이승만을 '유엔의 문제아' 라고 평했고, 다른 언론에서는 '작은 장제스', '어이가 없어 뭐라고 말할 수 없는 천한 이승만' 이라는 평가가 뒤따랐다고 한다. 심지어 처칠(Winston Leonard Spencer Churchill)은 '영국은 이승만을 위해서 북한을 정복하는 전쟁은 하지 않는다' 라고 말했다고 전한다. 반면 공산 진영에서는 그를 '미국의 괴뢰이며 미국의 총검에 의해서 세력을 유지한다' 라고 비난하곤 했다. 물론 이승간과 절친했던 밴플리트(James Award Van Fleet) 장군이 '다이아몬드 무게만큼의 가치가 있고 가장 위대한 정치가의 한 사람' 으로 높이 평가한 것처럼 이승만을 지지하는 사람도 많았다.

　　이러한 평은 온전히 이승만 개인에 대한 평가가 아니라 한국의 대

이승만 대통령과 밴플리트 장군.
밴플리트 장군은 이승만을 '가장 위대한 정치가의 한 사람'으로 높이 평가했다.

통령에 대한 평가다. 여기에 이승만의 개인적 특질이 보태진 것이다. 한반도에 분단 정권이 각각 수립되고 난 후 남한이, 이승만이 선택할 수 있었던 것은 무엇일까? 남한과 이승만을 지지해 준 미국을 떼어 놓고 다른 선택을 할 수 있었을까? 정치가 이승만은 대미 외교에 '올인' 하는 선택 외에 다른 선택을 생각하지 않았을 것이다.

김윤식 _ 시대를 읽고 시대에 답한 인물

국익을 우선하며 현실적인 삶을 추구하다

장영숙 : : 한양대 동아시아문화연구소 연구교수

김윤식
1835~1922

김윤식은 청풍 김씨로 인조·효종 연간 영의정을 역임했던 문정공 김육의 후손이다. 1874년(고종 11) 40세의 나이로 문과에 급제하여 정계 입문한 지 얼마 지나지 않아 나라의 중책을 두루두루 섭렵했다. 1881년 청나라에 영선사로 파견되었던 것을 비롯하여 개화정책 추진 기구인 통리군국사무아문 독판, 갑신정변 직후인 1884년 병조판서 겸 강화부 유수, 갑오개혁기인 1895년 외부대신, 대한제국 시기인 1907년 중추원 의장, 일제 치하인 1916년 경학원 대제학 등 화려한 관직을 끌고루 역임했다.

또한 개화파 가운데 동도서기론자였던 그는 유학(동도)을 우리의 정신적인 도로서 마땅히 보전해야 할 가치가 있는 것으로 규정했다. 만국 공법을 인식하면서도 청과의 사대 관계를 유지하며 구미 제국과 평등한 자주 외교 관계를 맺고자 했다. 대국과 맞서 싸우며 경쟁하기보다는 소국의 입장에서 살아나갈 방책을 마련하는 '소국론'을 더 중시하였다. 그의 이러한 입장은 조선이 처한 현실을 극복하고 문명한 대국으로 발돋움해야 한다며 '대국론'을 주장하던 문명개화론자들과 대립하는 것이었다.

청과 사대 외교를 고수하려던 김윤식은 고종이 추진한 친러 비밀 외교를 청에 알린 일과 박영효의 아버지 박원양을 장사지내 준 일로 고종의 분노를 사게 되었다. 그 결과 1887년부터 1894년까지 충청남도 면천군에서 유배 생활을 하였다. 1895년 김홍집의 천거로 외부대신에 복직한 그는 청일전쟁에서 일본이 승리하면서 국내 개화파와 함께 추진한 갑오개혁에 동참한다. 을미사변 이후 그를 향한 탄핵 상소가 여러 차례 계속되자 1897년 제주로 종신 유배를 떠났으나, 1907년 70세 이상 연로자에 대한 방석 조치에 의해 풀려난다.

《운양집》, 《음청사》, 《속음청사》 등의 문집과 일기를 남겼다. 특히 《운양집》은 1915년 일본제국 학사원(學土院) 상까지 받은 김윤식의 대표적 저작이다. '조선 유림의 영수', '민족과 사회의 원로', '조선의 대문장'이라고까지 불리던 그는 1922년 1월 21일 세상을 떠났다.

김윤식의 사회장(社會葬)은 왜 무산됐을까?

'조선 유림의 영수', '민족과 사회의 원로', '조선의 대문장.' 1922년 1월 21일 별세계로 떠난 운양(雲養) 김윤식의 뒤를 따라다닌 화려한 수식어다. 김윤식은 어떤 삶을 산 인물이었기에 그토록 사람들의 칭송을 받는 저명인사가 되었는가?

　우선 그의 정치적 역정을 살펴보면 김윤식은 청풍 김씨(淸風 金氏)로 인조·효종(仁祖·孝宗) 연간 영의정을 역임했던 문정공(文貞公) 김육(金堉)의 후손이다. 1874년(고종 11) 40세의 나이로 문과에 급제했다. 당시 과거 합격자 중 40대 연령층이 통상적으로 30%를 넘어서는 것으로 보아 늦은 나이에 입격한 것이라고 하기는 어렵다. 오히려 놀라운 일은 김윤식이 정계에 입문한 지 얼마 지나지 않아 나라의 중책을 두루두루 섭렵했다는 데에 있다.

　김윤식은 1881년 청나라에 영선사로 파견되었던 것을 비롯하여,

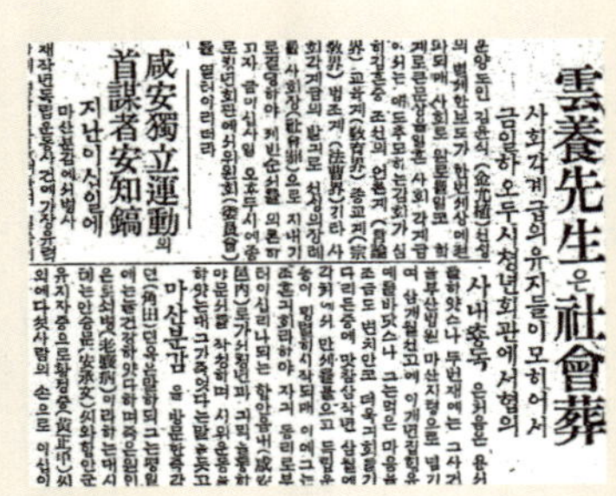

동아일보 1922년 1월 24일 자
'사회장' 논의 기사

개화정책 추진 기구인 통리군국사무아문 독판, 갑신정변 직후인 1884
년 병조판서 겸 강화부 유수, 갑오개혁기인 1895년 외부대신, 대한제
국기인 1907년 중추원 의장, 일제 치하인 1916년 경학원 대제학 등
화려한 관직을 골고루 역임했다. 그런데 이러한 정치적 역정뿐만 아
니라 김윤식이 사회 저명인사로 손꼽히는 데에는 또 다른 이유가 있
다. 바로 그가 남긴 《운양집(雲養集)》, 《음청사(陰晴史)》, 《속음청사(續陰
晴史)》 등의 문집과 일기 속에서 보여준 유학자로서의 빛나는 문장력
과 정치적 식견이 빛을 더했기 때문이다. 특히 《운양집》은 1915년 일
본제국 학사원(學士院) 상까지 받은 김윤식의 대표적인 저작이다. 이쯤
되면 그에게 붙는 찬란한 수식어는 지극히 당연한 것으로 여겨진다.

　그래서일까. 그가 죽은 후 각 신문사에서는 그의 지나온 행적과
사망을 애도하는 추모기, 조문객들의 면면을 연일 보도하였다. 심지
어는 사망 이튿날 200여 명에 이른 조문객의 수까지도 대서특필할 정
도로 많은 관심을 보였다. 동아일보 1922년 1월 23일 자에는 "조선의

문호, 사회의 원로, 운양 선생이 서거하얏도다"로 시작되는 그의 추모기가 신문 머리면을 커다랗게 장식하고 있었다. 그런데 언론의 찬사 속에서 집중 스포트라이트를 받은 김윤식의 지나온 일생 또한 그의 화려한 정치 경력만큼이나 눈부시기만 했을까?

언뜻 보면 그는 매우 장기간 관직 생활을 한 것 같으나, 두 차례에 걸쳐 장장 16여 년의 유배 생활을 겪어야만 했다. 관계(官界) 입문 후 마지막 관료로 활동한 시기까지를 관직 생활 가능 기간의 단순 수치로 봤을 때 삼분의 일은 유배지에서 보낸 셈이다. 말년의 경학원 명예직 등에 재임한 기간을 제하고 나면 실제 관직 생활 가능 기간 가운데 거의 이분의 일은 유배지에서 산 셈이다.

두 번에 걸친 정치적 시련기를 겪긴 했지만, 조선은 늘 김윤식을 필요로 했고 그는 나라의 부름에 응했다. 청과 일본을 비롯한 제국주의 국가들의 각축장 속에서 그는 언제나 국가적 이익을 우선했다. 국익은 그에게 있어서 시비(是非)의 대상이 아니었고, 국익을 추구하는 것은 곧 당면한 시무였다. 그만큼 김윤식은 국익을 최상위에 놓고 현실적인 삶을 추구한 인물이었다.

그의 관력으로 보나 조선 유학의 영수로서의 위치로 보나 그는 사회에 막대한 영향력을 지닌 인물이었다. 따라서 사망 후 그의 장례가 사회장으로 치러지는 것은 지극히 당연한 일일 것이었다. 그런데 박영효와 이용직을 위원장과 부위원장으로 하는 사회장추진위원회를 구성해놓고도 조선공산당을 중심으로 하는 반대론자들의 맹렬하고도 폭넓은 반대 운동에 부딪혀 사회장 형식은 취하지 못하였다.

사회장을 반대한 사람들의 표면적인 이유는 김윤식이 경술국치 당시 기회주의적 행태를 취했고 사회를 위해 공헌한 바를 찾기 어렵다는 것이었다. 그러나 그 이면에는 김윤식의 사회장을 추진한 윤치호·김성수·송진우 등 개량주의적 운동 노선의 광범위한 부르주아 민족주의자들을 적대시하고, 이를 계급투쟁적 성격으로 비화시키려는 일부 사회주의 세력의 의지가 작용하고 있었다. 조선공산당 중앙위원 김한(金翰)이 밝힌 반대 운동의 논리는 "귀족 사회를 파괴하고 자본가 계급을 타파하며 사회개량가를 매장하기 위한 투쟁"이라는 것이다. 즉 이들은 김윤식 사회장을 광범위한 부르주아적 민족주의 세력에 대한 프롤레타리아트의 계급투쟁으로 이용하려 했던 것이다.

한편, 사회장 반대론자들이 제기한 김윤식의 기회주의적 행태는 당대에 잘못 알려진 사실도 있었다. 반대론자들이 지적하는 그의 기회주의적 처신의 대표적인 행위는 합방이 진행되던 시기인 1910년 8월 19일 어전 회의에서 김윤식이 '불가불가(不可不可)'라는 대단히 아리송한 발언을 했다는 점이다. 이는 한일합방이 불가하다는 뜻으로도, 어쩔 수 없다는 뜻으로도 해석될 수 있어 기회주의적인 극치를 보인다는 것이다. 그러나 김윤식의 회고는 세간의 이해와는 사뭇 달랐다.

난 대궐에 불려 들어가 완곡하게 불가의 뜻을 표명했으나 내 의견은 받아들여지지 않았고 시세는 이미 기울어져 있었다. (… 余被召入闕 極陳不可 奈言不見聽 時勢已去 …)

그의 표현대로라면 이는 대표적인 친일파 총리대신 이완용이 '대세가 어찌할 도리가 없다' 며 일본에 쉽게 영합한 모습과는 아주 대조적이다. 다른 대신들이 아무런 의사 표현을 하지 못하고 있을 때 홀로 '불가' 를 주장한 것은 상당히 용기 있는 행동이었다. 그런데 그가 표현했다는 '불가' 란 말이 '불가불가' 로 알려지면서 조선과 일본 모두를 기만한 인물로 평가되었던 것이다.

또한 김윤식은 3·1 만세 운동에 동참해달라고 요구하는 민중의 목소리를 외면한 후, 그 며칠 뒤인 3월 28일 경학원 부제학인 이용직과 함께 총독부와 일본 정부 앞으로 조선 독립을 건의한 사실도 있었다. 이를 두고도 생애 말년의 절개 있는 행동 또는 기회주의적인 행동이라는 양면적인 평가가 가능했다. 김윤식 스스로는 이를 두고 다음과 같이 회고하였다.

총칼로 무자비하게 탄압당하는 민중들이 애처로워 독립을 운운하는 것 자체가 일본이 최대로 싫어하는 말이자, 분명 나에게 화가 미칠 것을 알면서도 독립이 시대의 순리임을 역설한 것이다. (… 爲言民情可矜 非說論威力可制 宜順時宜 認我獨立云云 此是日本最大忌惡之語 周知禍必及身 而不暇恤也)

이 일을 계기로 김윤식은 2개월간 투옥되기까지 했으나 민중은 그의 독립운동에 대한 진정성을 의심하는 듯했다. 3·1 만세 운동 당시에는 참여를 거부하다가 개별적인 행위를 한 것에 대해 사람들은 이해하지 못하는 눈치였다. 합방과 동시에 자작(子爵)의 지위와 5만 원의 은사금을 끝까지 거절하지 않고 받았던 김윤식이었기에 그에 대한 실망감이 포함되어 그러했는지는 모를 일이다. 이러한 일들은 자연히 대 유학자 김윤식을 시세에 아부하고 부응하는 기회주의적인 인물로 평가하는 데 일조하게 했다. 사회장 반대 운동이 맹렬하게 일어나게 된 것도 그의 지극히 현실적이고 이해타산적인 행동으로 인하여 사회에 공헌한 바를 찾기 힘들다는 것이 원인이었던 것이다. 결국 김윤식의 장례 처리에 있어서 사회장이 무산된 것은 사회장 반대 운동을 주도했던 일부 사회주의 세력의 계급투쟁적인 운동이 광범위한 파장을 일으킨 데에 연유한다. 그러나 그 이면에는 김윤식에 대한 세간의 부정적인 평가 또한 자리하고 있었기 때문임을 알 수 있다.

그에게 내려진 '기회주의적 처세가' 내지는 다소 완곡한 표현으로서의 '현실주의자' 라는 평가는 사실 그의 일생을 통해 초지일관 발현되어 오던 요소였다. 김윤식은 서양 제국주의의 침탈이 가시화될 당시에는 청의 보호막 아래에서 조선의 안위를 도모했고, 일본의 침탈이 구체화될 때에는 강대국의 협조와 지도로 문명개화를 이룬다는 명분으로 일본과 우호적인 관계를 유지하려 하였다. 그가 주변국과의 관계 설정에서 주요하게 생각한 요소는 무엇보다도 국가의 실리적 이익이 우선이었다. 그의 현실을 직시하는 눈과 시세를 활용하려 한 태도는 미국과 일본을 비롯한 주변국과의 관계가 중시되는 오늘날 우리에게 어떠한 시사점을 안겨줄 것인가? 지금 김윤식을 보다 자세히 탐구하고 평가하는 기회를 갖고자 하는 것은 이에 대한 해답을 찾기 위한 적극적인 이유가 될 것이다.

개항기 용청론(用淸論)의 현실

김윤식_시대를 읽고

개항기는 한창 꽃피고 있던 개화사상과 개화를 반대하는 척사의 흐름이 서로 착종되어 정치·사상적으로 여러 논의가 생성되던 시기였다. 중국과 일본은 서양 제국의 강요된 개항 앞에서 조선보다 먼저 혼란기를 경험했다. 이들 국가는 제국주의 국가들의 본성을 경험한 후 그들 스스로 제국주의 국가로의 변신을 시도하고 있었다. 조선으로서는 이러한 국제 정세의 변화를 어떻게 받아들이느냐가 관건이었다. 일본은 이미 1875년 운요호 사건을 일으키는 과정에서 조선에 실로 엄청난 위력을 지닌 무기류를 선보인 바 있었다. 일본이 구사한 화륜선과 회선포(回旋砲), 7연발총 등은 조선이 일찍이 경험해보지 못한 신종 무기들이었다. 조선의 화승총 수준보다 압도적인 신종 무기류의 위력 앞에서 국왕을 비롯한 집권층이 갖게 된 위기의식은 대단했다.

최첨단 무기류를 선보인 일본은 조선에 부국강병할 방도를 함께 모색해 주겠노라 제안해 왔다. 조선은 답례차 1876년 김기수(金綺秀)를 대표로 하는 외교사절단인 수신사를 일본에 파견하였다. 그 이면에는 일본이 부강한 국가로 도약한 비결과 일본의 현실을 꿰뚫어 보고 싶어하는 고종을 비롯한 조선 조야(조정과 민간)의 강력한 호기심과 욕망이 담겨 있었다. 그러나 일본을 통해 서양의 기술과 무기류를 즉각 도입하기에는 상황이 여의치 못했다. 조야에는 일본을 서양 오랑캐와 동일하게 보고, 절대적으로 교역 불가를 주장하는 위정척사론자들이 포진해 있었기 때문이다.

　　더욱이 1879년(고종 16) 4월 일본이 유구(琉球)를 병합하자 척사론자들은 일본의 제국주의적 속성을 개탄하면서 개항에 따른 대외 교역을 극렬하게 반대하였다. 당시 동북아의 중심 국가 역할을 해 오던 청은 일본이 조선 진출을 도모하고 있는 것으로 판단했다. 따라서 일본을 견제하기 위한 방법으로 조선에게 서양 각국과 수교를 하도록 권고하였다. 청 조정으로부터 이 일을 위임받은 북양대신 리홍장(李鴻章)은 일본이 강화도 조약의 여세를 몰아 영국·프랑스·미국 등과도 제휴할 수 있을 것으로 생각했다. 또한 일본이 러시아와 결탁해서 영토 확장을 꾀한다면 조선은 고립될 수 있을 것으로 보았다. 이는 결국 청에게도 순망치한(脣亡齒寒)의 결과를 가져와 조선이 망하면 청마저 위태로운 지경에 이르게 될 것이 뻔했다. 그렇다고 해서 중국이 당장 이 문제에 간섭할 수 있을 정도의 여력이 있는 것도 아니었다. 제1, 2차 아편전쟁을 치룬 결과 청의 국력도 몹시 위태해져 있었다. 때문에 오랑캐로써 오랑캐를 무찌른다는 이이제이(以夷制夷) 계책으로 조선이 서양과 수교하여 연대한다면 일본을 견제할 수 있을 것이라 생각하였다.

　　조선은 중국이 경고한 대로 일본이 조선을 침략할 의도를 가졌는지를 파악하기 위해 1880년(고종 17) 5월 초에 김홍집을 필두로 한 제2차 수신사를 일본에 파견하였다. 김홍집은 약 1개월간 체류하면서 청국공사 허루장(何如璋), 참찬관 황쭌셴(黃遵憲) 등과 접촉한 후《조선책략(朝鮮策略)》을 가지고 돌아와 고종에게 복명했다. 다음은 고종과 김홍집 두 사람이 나눈 대화 내용이다.

수신사 김홍집의 행차
김홍집은 1880년 일본에 다녀오면서 황쭌셴의 《조선책략》을 가지고 왔다.

고종 : 일본이 우리 사신을 대하는 데에 적개심은 없던가? 일본의 말투는 어떠하던가? (其無怨意 則其言果何如)

김홍집 : 그들은 오로지 친목을 도모하는 데에만 전념하였사옵니다. (彼人酬酊 專要親睦無聞而已)

고종 : 아라사가 중국으로 향하고자 하는데 어떤 길을 경유하겠는가? (俄羅斯欲向中國 當由何路云耶)

김홍집 : 대략 들은 바 우리나라의 동남해로를 경유하여 중국에 들어간다고 하옵니다. (彼中所聞槪聞 由我國東南海路 轉入中國矣)

이 자리에서는 특히 일본이 조선을 침략할 의사보다 러시아가 중국을 침략하기 위해 조선의 동남해로를 경유할지도 모른다는 사실이 중요하게 보고되었다. 당시 조선이 러시아의 남하 가능성에 더 무게를 두었던 이유는 무엇일까? 러시아는 이미 여러 차례 월경(越境)한 조선인들을 문제 삼아 조선과의 관계 개선을 도모하려 한 적이 있었다. 조선의 처지에서는 러시아가 침략적 의도를 가지고 접근했던 것이라 오해할 소지도 있었다. 그러나 이보다는 청이 러시아의 침략 의도를 확대 해석하여 조선에 위기감을 조장한 측면이 더 컸다. 청은 제2차 아편 전쟁 이후 연해주 지역을 차지한 러시아가 지속적으로 영토 확장에 대한 꿈을 가진 것으로 보았다. 따라서 청으로서는 이이제이의 방법으로 조선이 서양과 연대해 러시아까지 방어해준다면 자국의 안전을 보장받을 수 있다고 생각했던 것이다.

청은 본격적인 이이제이로써 러시아를 견제하기 위해서는 미국과 통상 조약을 체결해야 한다고 하는 연미론(聯美論)을 조선에 권고하였다. 이와 함께 김홍집이 가져온 《조선책략》에서는, 조선의 급무는 러시아를 방어하는 방아(防俄)에 있고 친중국(親中國), 결일본(結日本), 연미국(聯美國)하여 자강해야 한다는 외교책이 제시되고 있었다. 이에 따라 조선에서는 러시아에 대한 위기의식과 더불어 제기된 미국과의 수교 문제를 심도 있게 논의하게 되었다. 대다수 신료들은 지금껏 서양을 금수로 여겨 왔기 때문에 큰 혼란과 동요를 겪게 되었다. 미국과의 수교는 단순히 교역 상대국이 늘어나는 것만을 의미하는 것이 아니었다. 거기에는 오랑캐로 여기던 서양을 받아들인다는 의미까지 포함되어 있었다. 따라서 화이(華夷)적 세계관에 입각한 척사론자들은 연일 수교 반대 상소를 올렸다. 그 중 대표적인 것은 경상도 유생 이만손(李晩孫)이 만 명의 선비들과 함께 연명으로 올린 만인소이다.

황쭌셴의 《조선책략》
조선의 급무는 러시아를 방어하는 방아(防俄)에 있다며
친중국(親中國), 결일본(結日本), 연미국(聯美國)하여 자
강해야 한다는 외교책을 제시하고 있다.

러시아·미국·일본은 더하고 덜하고를 따질 수 없는 모두 같은 오랑캐입니다. 러시아는 두만강과 접하여 일본이나 미국처럼 교역을 요구해 오면 이를 거부하기 어렵고 그 밖의 다른 나라도 교역을 청해 오면 이를 어찌 막을 수 있겠습니까. …… 그러니 방아책은 현실적으로 실현 불가능한 것이옵니다. …… 주자의 가르침을 더욱 밝힌다면 사악한 기운은 발붙일 곳이 없게 될 것이옵니다. (俄美日本同一夷慮難置厚薄 於其間而豆滿一帶 疆界又相接 萬一循日本已行之例援 美國新設之約請地 來居請貨交權權則 將何以拒之也 … 益明周孔程朱之敎 人皆親上死長衆心成醜類邪黨 無所容其奸 …)

이들은 교역 반대와 더불어 《조선책략》을 파기해 달라고 요구하였다. 이것으로 보면 당시 조선은 변화하는 세계정세를 파악하고 이를 수용하려는 움직임과 화이관에 젖어 일본을 비롯한 서양 오랑캐들을 적대시하는 흐름이 공존하고 있었음을 알 수 있다.

조선의 상황은 그럴지라도 고종은 서양의 앞선 문물을 받아들여 자강을 도모할 기회를 마련하려 하였다. 그는 이홍장의 조약 체결 권고를 받아들여 당시 서양 문물에 많은 관심이 있던 개화승 이동인(李東仁)을 일본에 파견해 허루장에게 미국과 수교할 뜻이 있다는 것도 이미 밝혔다. 현실적으로 척사론자들의 강력한 반대가 있는데도 고종이 개화 정책을 추진하려 한 까닭은 무엇일까? 고종은 수신사들의 복명을 통해 미국과 일본의 강성함을 알게 된 후, 서양 기술을 도입해 부국강병의 길로 나아가야 한다는 생각을 하고 있었다. 또한 김옥균을 위시한 개화론자들은 고종이 개화에 대해 적극적인 인식을 하도록 개명한 지식을 일깨워주고 있었다. 당시 조정에는 박규수의 사랑방에서 개화사상을 체득한 김옥균·박영효·홍영식 등이 활동하고 있었고, 김윤식도 이들과 더불어 부강의 필요성을 느끼고 있었다. 즉 고종을 비롯한 개화주의자들은 서기를 도입하고 서양 세력과 교역하는 것이 시대의 대세임을 깨우치고 있었던 것이다.

고종은 개화파들과 함께 서양과의 외교 관계 수립을 시도하는 한편 청·일 양국을 통한 서양 문물 도입도 동시에 추진하였다. 우선 조정과 재야에 퍼져 있는 강경한 척사론을 의식하여 청에는 군기제조 기술을 학습하러 간다는 명분으로 영선사를 파견하였다. 그러나 영선사 파견은 표면적인 이유였고, 실제로는 리훙장과 대미 수교를 협의하는 기회를 마련하고자 하였다. 일본에는 조사시찰단을 보내면서 부산 동래 일대로 암행어사를 파견하는 듯이 꾸몄으나, 실제는 일본의 선진 문물을 시찰하기 위한 목적이었다. 이는 박정양 등 일본을 다녀온 수신사들이 동래부 암행어사라는 직함으로 국왕에게 보고하는 것에서 그 단서를 찾을 수 있다.

고종은 조사시찰단의 한 사람으로 일본에 체류하고 있던 어윤중을 천진으로 파견해 리훙장과 함께 미국과의 조약 체결 문제를 구체적으로 협의케 하였다. 곧이어 김윤식을 영선사로 파견하면서 조미 수교를 원활히 추진하기 위해 리훙장의 도움을 받을 수 있도록 하였다. 미국과 조약을 체결하는데 조선은 왜 청의 도움을 필요로 했던 것일까? 이는 조야의 강경한 척사론을 의식하여 청의 권위를 빌려 미국과의 수교를 추진하는 것이 안전하다고 보았기 때문이다. 조선은 중국의 권위 속에서 대미 수교를 체결하려 했지만, 고종과 개화파들은 다른 한편으로 청과의 사대 관계를 지속하는 문제에 대해 심각한 회의를 느끼고 있었다. 특히 갑신정변 주도 세력인 김옥균과 박영효 등의 개화파들은 종속적인 조청 관계를 변화시켜야 한다는 데 의견을 함께하고 있었다.

고종은 당시 국가와 국가 간의 평등한 질서 관계를 규정하는 만국 공법을 인지하고 있었다. 때문에 가능하다면 청과의 전통적인 사대 관계에서 탈피하려 하였다. 이와 같은 내용은 고종이 어윤중을 파견하면서 내린 아래글에서도 엿볼 수 있다.

> 사대의 범절은 응당 성의껏 해야 하지만 형식에 구애되어 백성과 나라에 해를 끼치는 것은 옛 규례라고 해서 그대로 할 수 없다. (事大之節 益當親恪 而其拘於文具貽弊民國者 不可以安於舊例而止)

그러나 마음속으로는 청과의 관계 개선에 대한 생각이 있다 할지라도 당장은 청을 이용하지 않으면 국내 반대 세력에 부딪쳐 서구와의 관계 개선도 도모할 수 없는 처지였다. 이 점은 조선이 청과의 관계에서 이율배반적으로 처신할 수밖에 없었던 현실적인 한계였다. 그런데 청의 영도하에 서구와의 대외 수교가 이루어짐으로써 청과의 관계 설정이 새롭게 되기는커녕 오히려 청에 대한 예속성이 일시적으로 강해지게 되었다. 그 이유는 리홍장이 조선 국왕의 부탁을 받아 조미 수교를 주도했음은 물론 조약문 안에 조선이 청의 속방임을 조회하도록 하는 다음과 같은 항목을 명문화했기 때문이다.

조선은 중국의 속방이지만 내치와 외교는 예부터 자주적으로 해 왔으니
조선과 미국 두 나라는 명확히 의논해 정하고 …… 미국은 조선이 중국
의 속방임을 인정하고 영원토록 서로 간섭함이 없도록 한다. (朝鮮中國所
屬之邦 而內治外交 向來歸其自主 今大朝鮮美國 彼此明允定議 … 大美國國王 允定認朝
鮮國 爲中國束邦 嗣後永遠不相干預)

이는 비록 회담을 거듭하는 과정에서 속방인지를 조선에 확인해
보는 속방조회문으로 바뀌었지만, 이를 통해 청은 조선이 중국의 속
방임을 국제적으로 승인받고자 했던 것이다. 미국은 조약 내에 조청
관계를 규정하게 되면 문제가 생길 소지가 있으며, 조선의 보호자로
서 중국을 연계시키면 또 다른 문제를 일으킬 수 있다며 조선과의 직
접적인 체결을 원했다. 속방임을 인정하는 속방조관은 조선의 주권에
흠이 가는 일이고, 후일 예기치 않은 문제를 발생시킬 수도 있는 예민
한 문제였기 때문이다. 리홍장은 미국이 조청 간의 종속적 관계를 인
정하지 않으며 시간을 끌자 조선은 중국의 속방이지만 내치·외교는
자주로 해 왔고 속방으로서 조선이 중국에 갖는 의무는 미국과 아무
런 관계도 없다며 미국을 안심시켰다. 한편, 조선 측에는 미국이 청의
속국인 조선과 평등한 관계를 맺는 것이 부자연스러우니 속방조회문
을 붙여 달라고 요구했다며 조선 관원들을 기만하였다.

어윤중은 청의 논리를 의심 없이 받아들이면서 속방조관을 명문

화한 조약문에 합의했다. 영선사의 출발이 늦어지는 바람에 어윤중이 이미 조약문에 합의한 뒤에 리홍장을 만난 김윤식은 영선사에게 조약 체결에 관한 전권이 부여되지 않았다는 이유로 미국과의 직접 교섭을 거절당하였다. 김윤식은 조약문을 검토하는 정도의 권한밖에 가지지 못했던 것이다. 그런데 김윤식 역시 속방조관을 심각하게 고려하지는 않았다. 그는 조선이 중국의 속국이라는 사실을 천하에 알리게 되면 오히려 다른 나라들이 조선을 감히 무시하지 못하는 이점이 있다고 생각했다. 따라서 설혹 김윤식에게 미국과의 직접 교섭권이 주어졌다고 할지라도 상황은 크게 달라지지 않았을 것으로 보인다.

중국은 이이제이의 방편으로써 조선으로 하여금 서양 제국과의 수교를 권했지만, 김윤식 등의 관원들은 세력 균형의 한 방편으로 수교를 생각했다. 그러나 이들이 생각하는 세력 균형이란 전통적인 중화체제를 전제로 하는 것이었다. 따라서 중국 중심적인 세계 질서에 안주하면서 청의 비호를 받는 가운데 미국 등과 조약을 체결해 위기에 대처하려는 방식을 택했던 것으로 볼 수 있다. 청의 국제적 위상은 불안했지만 조선은 여전히 청을 든든한 우방으로 여겼으며, 심지어는 청의 권위를 이용해 척사론자들의 반대도 잠재워 나가려 했던 것이다. 조선의 이러한 태도는 이후 청이 제국주의적 침탈을 감행해 오는 속에서 조선을 더욱 종속적인 위치로 전락하게 하였다. 그뿐만 아니라 조선 정계에 청과의 관계를 둘러싼 개화파 간의 내부 균열도 초래하였다.

고종으로 하여금 개화의 필요성을 느끼게 하며 개명 군주로 거듭나게 하는 데 일정한 구실을 하던 개화파들은 청과의 관계 설정 및 개화의 방식을 놓고 격렬하게 자체 분열의 과정을 거치게 되었다. 일반적으로 개화파의 범주로는 북학파인 박지원의 손자 박규수를 중심으로 서구의 새로운 학문인 신사조(新思潮)를 공부하기 시작한 김옥균·박영효·홍영식·김윤식·민영익 등이 포함된다. 이 외에 이들과 직간접적으로 교류한 김홍집·어윤중 등이 개화파의 범주에 든다고 할 수 있다.

이들이 체득한 신사조의 내용은 대략 화이론적 세계관을 극복하고 평등사상의 바탕 위에서 중세적 신분관을 극복하는 것, 부국강병의 방략을 찾고 진정한 이용후생의 길을 도모하는 것 등으로 볼 수 있다. 그러나 개화파들은 공통의 장에서 서로 교류하는 가운데 신사상을 학습하고 발현시켜 나가려 했지만, 끝내 문명개화론자와 동도서기론자로 갈라서게 되었다. 그 이유는 무엇일까? 이들은 크게는 청을 종주국으로 하는 화이론적 세계관을 수용할 것인가 거부할 것인가의 문제, 조선이 근대화의 모델로 삼을 국가를 일본으로 할 것인가 청으로 할 것인가의 문제, 유학을 어떻게 볼 것인가의 문제, 세부적인 개화정책론의 내용 등을 두고 의견 대립을 보이면서 각각의 파를 형성하게 되었다.

이들 분파를 구체적으로 살펴보면, 김옥균과 박영효 등의 갑신정변 주도자들은 임오군란 이후 일본을 통해 문명개화론을 수용했다 하여 문명개화론자로 분류된다. 이들은 개항 이후 근대화 정책의 노선과 모델을 일본으로 할 것을 주장했다. 또한 자주독립 사상을 강하게 제기하면서 청과의 종속 관계에서 탈피하려는 움직임을 보였다. 이들이 주로 읽은 《해국도지》, 《이언》 등 중국을 통해 들여온 신서적에는 과학 기술을 발달시켜 부국강병을 이룩하고, 만국 공법 속에서 외국과 대등한 외교를 맺어나가야 한다는 내용이 담겨 있었다. 서양 서적의 영향 속에서 이들은 전통 성리학의 허학적 측면을 배격하고 서양의 물질문화는 물론 정신문화까지도 수용해야 한다는 적극적인 자세를 가졌다. 이들은 조선을 서구와 비교해 봤을 때 개화하지 못한 야만의 상태에 놓여 있다고 보았다. 특히 윤치호는 어윤중과의 대담에서 어윤중이 "우리나라는 야만을 면한 지가 오래되었다"라고 하자 "야만과 개화의 구별은 인의(仁義)와 잔혹의 차이가 있기 때문"이라며 "나라가 백성을 얽어매어 살육하고 있으니 야만과의 차이가 무엇인가?"라며 조선을 아예 야만국으로 규정하였다. 따라서 이들은 개화를 필연적으로 이루어내야 하는 것으로 간주했다.

이에 반해 김윤식, 어윤중 등의 개화파는 동도서기론자로 구분된다. 이들은 동도 즉, 유학을 우리의 정신적인 도로서 마땅히 보전해야 할 가치가 있는 것으로 규정하였다. 이들도 문명개화론자들처럼 신서적을 읽고 그 내용에 공감했다. 그러나 어윤중과 윤치호의 대담을 통해 알 수 있듯이 이들은 조선이 이미 야만의 상태를 면한 지 오래되었다는 견해를 가졌다. 이들은 조선이 서양보다 열등한 것은 정신적인 부분이 아니라 물질적인 면이라 생각했다. 특히 김윤식은 다음에 보이는 바와 같이 조선은 유교적 도덕 국가이기 때문에 문명국이며 이미 개화를 한 나라라고까지 생각했다.

> 무릇 개화라고 하는 것은 풍속이 마구 변화하는 것과 같고 서구에서도 풍속이 점점 혁신적으로 변화하는 것을 개화라고 한다. 조선은 문명한 땅인데 또 무슨 개화가 있을 수 있는가? …… 개화는 곧 시무를 일컫는다. …… 지금 성인이 다시 일어난다 하여도 기교한 것을 만들 필요는 없으며 서양 오랑캐의 기계로써 이를 부리게 하는 것은 성인의 할 바가 아니다. (夫開化者如阿塞諸變 榛狌之俗 聞歐洲之風 而漸革其俗曰開化 東土文明之地 更有何可開之化乎 … 所謂開化者 卽時務之謂也 … 當今之時 雖使聖人復起 未必創造奇巧 以制西夷之器械 籍使有之 此非聖人之能事 …)

이처럼 그는 서양이 이룩한 물질적인 개화가 현실적으로 절실한 것이라고는 생각하지 않았다. 이들은 크게는 동양적 세계관의 범주에서 탈피하였으나, 현실적으로 중화 질서에서 벗어나지는 못하였다. 문명개화론자들과 마찬가지로 이들 역시 국가와 국가 간의 국제 관계가 평등한 질서와 규약에 의해 이루어진다는 만국 공법 체제를 인식하고 있었다. 그러나 한편으로 만국 공법도 빈부와 강약의 힘에서 벗어날 수 없어, 국력이 약할 때는 공법도 아무런 효력을 발휘하지 못한다는 사실도 동시에 알게 되었다. 나아가 약육강식의 침략 행위가 자행되는 국제적 현실에서 조선을 보호해 줄 수 있는 나라는 청나라밖에 없다고 생각했다. 이와 같은 데에는 일본의 유구 병합이 국제적으로 아무런 문제가 되지 않는다는 사실을 알게 된 것이 하나의 계기가 되었을 것이다. 1879년(고종 16) 7월 청의 리훙장과 조선의 영부사(領府事) 이유원(李裕元)은 일본이 유구를 병합한 직후에 서신을 통해 조선이 취해 나갈 방략에 대한 의견을 서로 교환하였다. 당시 이유원의 편지에는 공법에 대한 위정자들의 의식이 엿보인다.

> 일본 사람들이 횡포하고 교활하여 여러 나라를 우습게 보면서 방자하게 제멋대로 행동해도 국제법을 적용할 수 없는 것입니까? …… 우리가 믿는 것은 서양 나라들과 일본도 당신의 위엄 아래서는 감히 방자하게 놀지 못하는 만큼 우리나라가 길이 당신의 덕을 입어 지도를 받는 길입니다. (日人之桀黠輕視各國 雖縱恣專制 而公法莫能行歟 … 私自依怙者 泰西與日本能無敢恣肆 於爵前威鎭之下 則小邦永賴大德)

이는 주자학적인 대의명분 속에서 중국이 세계와 문명의 중심이라는 화이관을 가졌던 집권층 일각의 의식을 드러낸 글이지만, 동도서기론자들도 대국 중심의 질서를 수용하고 있었던 것이다. 이러한 대외 인식은 문명개화론자들과의 가장 큰 차이점이기도 했다. 그런데 김윤식을 대표로 하는 동도서기론자들이 만국 공법적 세계 질서를 인식하고 있었음에도 현실적으로 청과의 사대 관계를 청산하지 못한 이유는 무엇일까? 이에 대한 해답은 미국과의 수교 조약을 체결하는 과정에서 드러난 어윤중과 김윤식의 태도에서 살필 수 있을 것이다. 김윤식은 1881년의 영선사행을 회상하며 다음과 같이 외교 구상을 정리한 바 있다.

조선이 내정을 다스림에 있어서 자주적으로 할 수 있어도 중국과의 관계에서 사대 관계를 단절하여 독립 국가로 행세하는 것은 결코 이롭지 않다. (… 我國亦以自主立於萬國之中 則內治外交淸國不干涉 … 中東兩國須加意親密隨機暗幇 如一室無間 則亦可以禦外人之侮 此親淸國之利也)

그는 조선이 청의 속방임을 인정한다고 해서 자주권까지 훼손되는 것은 아니라고 보았다. 그 때문에 청의 속방조회 요구를 이의 제기 없이 수용했던 것이다. 청과는 사대 관계를 유지함으로써 청의 우산 속에서 조선의 안위가 이루어지도록 하면서, 구미 제국과는 평등한 자주 외교 관계를 맺어 어느 나라도 조선을 강압하지 못하도록 견제하는 양절체제(兩截體制)를 조선에 유익한 외교 노선으로 보았다. 따라서 김윤식이 만국 공법을 인식하면서도 현실적으로 청과의 사대 관계에서 탈피하지 않은 것은 동북아의 전통적인 질서를 최대한 이용하려고 했던 것으로 풀이할 수 있다. 이러한 사실을 더 보완해 보면, 김윤식은 고종이 부국강병을 목표로 개화 정책을 추진했지만, 조선이 강병해지기 위해 막대한 재정을 투자하는 것에는 찬성하지 않았다. 그의 개화에 대한 생각은 다음에 잘 집약되어 있다.

무릇 각각의 상황에 따라 각 나라는 힘써야 할 일이 따로 있다. …… 조선이 중국에서 추진하는 양무운동과 같은 병기와 기계류의 발전에 전력한다면 백성들은 궁핍해지고 재정은 고갈되어서 반드시 국가가 붕괴하게 되는 위험에 휩싸일 것이다. (夫遇各有時 國各有務 … 立經陳紀 擇人任官 練兵治械 以禦士裔之侮 此中國之時務也 崇廉黜貪 勤恤斯民 謹守條約 無啓釁於友邦 此我國之時務也 若我國遞效中國之事 專力於兵械 則民窮財匱 必有土崩之患)

김윤식은 각국은 각국이 처한 위치와 상황에 따라 시무(時務)의 내용을 달리해야 하는 것으로 보았다. 그는 국가 운영이나 경제적 능력 면에서 작은 국가는 그 실정에 맞춰 대국에 의지하며 내실을 기해야 한다고 생각했다. 그는 조선이 국가의 규모나 재정 면에서 청이나 서구 나라들과 비교해 소국에 해당한다고 보았다. 따라서 부실한 재정을 축내며 강병책을 고안하기보다는 청의 호위 아래 있는 것이 더 유리하다고 판단했던 것이다. 그는 청이나 서양과 같은 대국은 나라를 부강하게 하고 기계를 정예하게 하는 것이 당장의 시무라고 보았다. 반면 조선은 염치를 숭상하고 탐관오리를 없애며 각국과의 조약을 성실하게 준수하는 것이 오늘날의 시무라고 주장하였다. 김윤식은 대국과 맞서 싸우며 경쟁하기보다는 소국의 입장에서 살아나갈 방책을 마련하는 '소국론'을 더 중시했던 것이다.

김윤식을 대표로 하는 동도서기론자들의 개화에 대한 인식과 국가 방략에 대한 자세가 이처럼 소극적 태도에 머물렀다면, 김옥균 등의 문명개화론자들의 인식은 어떠했을까? 김옥균은 갑신정변을 도모하기 전 서재필 등의 유학생에게 조선도 일본처럼 문명개화한 나라가 되어야 한다고 역설했다. 그는 일본이 동방에서 영국 노릇을 하려 하니 조선은 아시아의 프랑스와 같은 존재가 되어야 한다며 유학생들에게 조국의 장래에 대해 커다란 포부와 꿈을 심어 주었다고 한다. 김옥균은 조선이 처한 현실을 극복하고 문명한 대국으로 발돋움해야 한다는 '대국론'의 입장에 있었다. 재일 사학자인 조경달(趙景達)은 일찍이 개화파 내에서의 이러한 상반되는 두 흐름을 소국주의와 대국주의라는 용어로 설명한 바 있다. 이 두 계파의 노선 차이는 결국 정책의 차이로 나타나게 되었다. 문명개화론자들은 국왕 고종을 도와 개화 정책을 적극적으로 추진한다면 조선도 일본 못지않은 부강한 국가 대열에 설 수 있다고 생각했다. 이들은 근대화의 동력을 조선 내부에서 구하기보다는 일본이라는 외세에서 구하려 하였다. 김옥균의 이러한 태도는 갑신정변을 일으킬 때에도 일본 군사력에 의존하는 모습을 보여 외세 의존적이라는 비난을 받게 되었다.

결국, 1870년대 후반부터 1884년 갑신정변이 일어나기까지 조선의 정국은 개화의 방식과 그 범주를 둘러싸고 이견이 생기면서 매우 혼란스러운 상황이었던 것을 알 수 있다. 특히 개화공간에서 소국론자들과 대국론자들의 이념과 정책을 둘러싼 갈등은 개화파를 양분하는 커다란 계기가 되었다. 이들은 개화비용의 조달 문제를 놓고도 소국론자들은 당오전이라는 새 화폐를 주조할 것을 주장했지만 대국론자들은 일본에서 차관을 들여와 이를 해결하려 하는 등 심각하게 입장 차이를 보이고 있었다. 이 가운데 대국론은 근대적인 국가의식이 발아하는 시기에 강력한 민족의식을 일깨울 수 있었다는 점에서 부국을 열망하는 청년 학도들을 자극했다. 조선이 처한 열악한 현실을 받아들이지 않고 소국으로서의 위치를 강하게 거부한다는 점에서 민족의 자존감을 고양하는 기폭제가 될 수 있었다. 그런데 문제는 이러한 대국론이 현실이 받쳐주지 못하는 가운데 구호로만 외치는 '관념'에 불과했다는 것이다. 관념은 허세를 낳고 허세는 상상 속에서의 대국을 꿈꾸며 초현실주의적인 가상으로 이어지는 연쇄 고리를 형성하게 된다.

그러면 소국론은 어떠한가? 우리 조선이 강국이 아닌 힘없는 약소국이요, 부국이 아닌 물산이 초라한 빈국이며, 대국이 아닌 열악한 소국임을 인정하는 것은 자존심 상하는 일이다. 대국이라는 의미 속에 포함된 경제적 능력과 군사적 역량은 상상할 수 없는 강력한 물리력으로 소국을 압도한다. 우리 스스로 약소국임을 인정하며 대국의 위세와 부당한 강박과 요구를 견뎌내는 것은 비겁하고 현실 도피적인 자세라고 지탄받을 수도 있다. 그러나 현실이 괴롭더라도 이를 직시하는 것은 필요한 일이다. 현실을 있는 그대로 인정하고 바로 볼 줄 알아야 위기를 헤쳐 나갈 대안을 찾을 수 있는 것 아닌가? 그 점에서 김윤식의 소국론을 이해할 수 있을 것이다.

근대식 기기창(機器廠)을 만드는 데에도 식견과 능력이 없어서 청에 의존해야 하고, 개화 자금을 변통할 수 없어 일본에 손을 벌려야 하는 현실에서 자신의 힘과 자신의 판단으로 자주(自主)할 것을 부르짖는 일은 허황된 것일 수밖에 없었다. 대국론을 취할 것인가, 소국론을 취할 것인가의 갈등은 현실을 바라보는 눈이 얼마나 정확한가에 따라 그 답이 달라질 수 있었다. 두 번의 아편 전쟁으로 서양 제국의 각축장이 된 청일지라도 대국의 그림자는 아직 넓고 컸다. 그 속에서 충분히 시간을 벌면서 위기를 떨쳐낼 기회를 잡는 것이 조선으로서는 오히려 유리할 수 있었던 것이다.

갑오개혁기, 대의(大義)를 좇다

개화파 내에서의 노선 분화, 즉 대국론과 소국론 사이에서 표출되었던 갈등은 갑신정변이 실패로 돌아가면서 일단 수면 아래로 가라앉았다. 그러나 청의 무력에 의존해 정변이 진압됨에 따라 청의 내정 간섭의 강도는 심해졌다. 개화는 감히 입에 올리지도 못할 단어가 되었다. 청은 위안스카이(袁世凱)를 조선의 내정에 깊이 간섭할 수 있는 권한을 허용한 주차조선총리교섭통상사의(駐箚朝鮮總理交涉通商事宜)로 부임시켰다. 곧이어 '조선이라는 난파된 배를 재건하는 주장(舟匠)의 임무를 맡길 것'을 시사했다.

정변의 진압을 위해 청병을 불러들였던 김윤식은 갑신정변을 어떤 시각으로 보았을까? 김윤식과 김옥균은 넓은 범위에서 다 같은 개화파였다. 김윤식이 정변 주도 세력에 의해 예조 판서에 임명되었던 것을 보아도 이들이 완전히 적대적인 관계가 아니었음을 알 수 있다. 김윤식은 다만 정변 주도 세력에 대한 불편한 마음을 다음과 같이 나타내었다.

위안스카이.
갑신정변 진압 이후 청은 위안스카
이를 '주차조선총리교섭통상사의'
로 부임시켜 내정 간섭의 강도를 더
했다.

정변을 도모했던 적들은 지나치게 서구를 존숭하고 전통 유교 문화를 깎아내리며 윤리에 어그러지는 도를 행하면서 개화라 칭하니 이는 천리를 끊는 행위다. (甲申諸賊 盛尊歐洲 薄堯舜貶孔孟 以弊倫之道 謂之野蠻 欲以其道易之 動稱開化 此可謂天理滅絶)

김윤식은 우리의 전통을 버리면서까지 서구 문화를 추종하는 것은 조선의 시무가 아니라고 보았다. 그러나 정변을 주도한 세력 역시 함께 개화를 논의했던 동지들이었다. 때문에 조정에 몸담고 있어서 그들을 처벌하지 않을 수 없었지만, 애국심에서 한 행동이지 역모를 도모한 것은 아니라며 이해하는 태도를 보이기도 하였다. 개화를 추진하면서 사상의 차이에 대해서는 비판적이었지만, 정변을 일으킨 의도 자체를 나쁘게 보지는 않았던 것이다.

정변 이후 김윤식은 외교부의 책임자인 통리교섭통상사무아문(외아문)의 독판과 병조판서 겸 강화부 유수를 맡았다. 곧이어 《한성순보》를 속간하고 조선 최초의 서양식 의료 기관인 제중원을 설치하는 등 개화 정책을 재개했다. 그러나 청의 내정 간섭이 증대되고 청일 간 전쟁 위험도 커졌기 때문에 고종과 명성황후는 제3의 세력인 러시아를 끌어들여 조선을 둘러싼 열강 간의 세력 균형을 도모하는 균세 정책을 시도하려 하였다. 그에 따라 유사시 러시아 황제가 조선을 위해 도움을 주는 것을 내용으로 하는 조러 밀약이 1885년과 1886년 두 차례에 걸쳐 진행되었다. 고종은 러시아를 끌어들이고 청을 멀리하려는 '인아거청(引俄拒淸)'을 목표로 조심스럽게 청으로부터의 자주성 회복을 시도했으나 밀약은 번번이 실패로 돌아갔다. 바로 측근이라고 할 수 있는 김윤식과 민영익의 폭로에 의해서였다.

1885년의 조러 밀약은 고종이 외아문 협판인 묄렌도르프(Paul George von Möllendorff)와 권동수, 김용원 등의 밀사를 통해 러시아 황제의 보호를 요청하는 문서를 전달하고 비밀 외교를 추진하려 한 것이다. 고종은 이를 외교부의 수장인 김윤식 몰래 추진하였다. 김윤식이 평소 청의 고위 관리들과 친밀하게 지내왔기 때문이었다. 고종은 당시 러시아 군사 교관도 초빙하는 내용의 윤허(임금이 산하의 청을 허락함)를 내렸다. 이 사실은 묄렌도르프가 러시아 공사관 서기관인 스페에르(A. Speyer)와 육군 교관 초빙약고(招聘約稿)를 작성해 국왕의 재가를 받은 뒤 외아문에 넘기는 과정에서 알려지게 되었다. 이때 김윤식은 외교부의 수장으로서 묄렌도르프에게 전권을 위임한 사실이 없고, 조선은 이미 미국에 군사 교관 파견을 요청하는 중이라는 사실을 들어 교관 초빙약고의 조인을 거부했다.

외교부 수장이었던 김윤식은 고종의 친러 비밀 외교를 왜 방해했을까? 김윤식은 정변이 끝난 후에도 여전히 청과의 사대 관계를 고수하려 하였다. 1885년 영국이 거문도를 점령할 때에도 청이 아무런 역할을 해주지 않은 데 대해서 조정 대신들은 청의 호위력을 불신했던 데 반하여 김윤식은 과거 청과의 관계를 저버려서는 안 된다고 생각했다. 그는 이를 청과의 의리라고 여겼다. 조선과 청은 속박이나 통제를 받는 관계가 아니라 원조와 조언을 받는 관계라고 생각했던 것이다. 김윤식의 이러한 태도는 청의 구속력에서 벗어나고 싶어 하는 고종과는 한참 거리가 있는 것이었다. 급기야 김윤식은 고종이 추진한 친러 외교의 내용을 청에 알렸고, 이는 고종의 외교 노선에 대한 정면 도전으로 받아들여졌다. 때마침 김윤식이 갑신정변 당시 역적으로 몰린 박영효의 아버지 박원양(朴元陽)을 어윤중과 함께 장사지내 주었다는 사실이 조정에 알려지게 되었다. 이 일은 곧 비밀 외교 폭로 사건과 함께 고종의 분노를 사게 되었다. 1887년(고종 24) 5월부터 1894년(고종31) 6월까지 김윤식이 충청남도 면천군(沔川郡)에서 유배 생활을 했던 데는 이같은 까닭이 있어서이다.

청일전쟁 때 관제를 개혁하기 위해 임시로 설치했던 관청으로 갑오개혁의 중추적 역할을 담당했다. 동학농민항쟁이 일어난 후 조선 침략의 기회를 노리던 일본은 1894년(고종 31) 6월 1일 주한 공사 오토리 게이스케(大鳥圭介)를 통하여 내정개혁안 5개조를 제시하고 이를 시한부로 시행할 것을 촉구해왔다. 고종은 이를 거부하고 교정청(校正廳)을 설치하여 자주적인 내정개혁을 시도했다. 이어 일본 공사는 6월 21일 1개 연대 이상의 일본 군대를 동원해 경복궁을 포위하고 고종을 협박해 마침내 내정개혁을 의결하는 기관으로 군국기무처를 설치했다. 영의정 김홍집이 총재관(摠裁官)을 겸하고 의원 17명, 서기 2명으로 구성되었다.

중앙 관제를 개혁하여 크게 궁내부(宮內府)와 의정부로 나누고, 의정부 밑에 내무, 외구, 탁지, 법무, 학무, 공무, 농상의 8아문을 설치했다. 의정부에는 총리대신을 두어 행정수반으로 삼았으며, 궁내부와 각 아문의 장관을 대신, 차관을 협판(協辦)이라 했다. 모든 관제와 지방 행정을 비롯한 행정 · 사법에 관한 모든 규칙, 교육, 군정(軍政), 재정, 상업 등 모든 사무를 심의했다. 모든 정무는 그 소의를 거쳐야 했기 때문에 왕권이나 정부의 권력보다 더 큰 세력을 가지게 됐다. 그 밖에 청과의 조약은 일체 폐기하고, 종래의 중국기년(中國紀年)을 바꾸어 개국기년을 사용했다. 또한 문벌, 반상(班常), 노비를 없애고, 조혼을 금지하며, 여권을 신장하고, 과거제와 연좌제(連坐制)를 폐지하는 등 12월 폐지될 따까지 많은 부문의 개혁을 심의했다.

7년여에 걸친 유배 생활을 마치고 돌아온 김윤식에게는 외무대신이라는 벼슬이 주어졌다. 1894년 7월 14일의 일이다. 유배 중이던 김윤식을 천거한 이는 영의정이자 군국기무처(軍國機務處) 총재이던 김홍집이었다.

당시는 갑오농민항쟁이 한창 전개될 무렵이었다. 조선 정부는 농민항쟁을 무마하지 못해 민씨 일족인 민영준을 통해 청군을 불러들였다. 청군이 조선에 진주하자 일본은 텐진 조약에 따라 자국의 공사관

청일전쟁 당시 일본군의 모습

갑오농민항쟁을 무마하기 위해 청군이 조선에 들어오자, 텐진 조약에 따라 조선에 진군한 일본군은 청군과 맞서게 된 것을 절호의 기회라 여겨 청일전쟁의 포문을 여는 선제공격을 시작한다.

보호를 구실로 조선에 군대를 진군시켰다. 일본은 갑신정변 이후 근 10여 년간을 군사비를 증액하며 전쟁 준비에 몰두해 왔다. 일본으로서는 청군과 맞서게 된 것을 절호의 기회라 여겨 청일전쟁의 포문을 여는 선제공격을 시작했다.

한편으로 일본은 조선 정부에 개혁안을 내놓으며 내정 간섭을 시도했다. 조선은 자체적으로 내정 개혁을 추진하기 위해 교정청(校正廳)을 설치하고 농민군의 개혁안을 수렴해 정치 개혁을 단행하려 하였다. 그러나 일본은 경복궁을 무력으로 점거한 후 조선의 내정 개혁 움직임과는 상관없이 갑오개혁을 추진해 나갔고, 그 중심기구로 군국기무처를 세웠다. 개혁의 중심인물에는 신진 관료 세력 외에도 종래 동도서기론자들로 분류될 수 있는 김홍집·어윤중·김윤식·유길준 등의 인물과, 문명개화론자인 박영효·서광범 등의 인물이 대거 합류하게 되었다. 그런데 친청파의 대표주자로, 청과의 사대 관계 속에서 소국으로서의 이익을 도모하자던 김윤식이 청이 아닌 일본 세력에 동참하는 모습이 보인다. 이는 쉽게 이해가 가지 않는 부분이다. 김윤식은 대체 어떤 생각으로 갑오개혁에 참여했던 것일까?

그의 의식을 살필 수 있는 사례를 통해 김윤식의 생각에 접근해 보자. 갑오농민항쟁 당시 전주가 농민군의 손에 함락되는 등 농민군이 파죽지세로 서울을 향해 올라올 때 조야의 근심은 농민군을 과연 어떻게 방어하고 처리할 것인가 하는 것이었다. 이때 농민군을 위로하고 무마하기 위해 선무사(宣撫使) 역할을 했던 어윤중은 농민군을 민당(民黨)이라 지칭하며 이들이 마치 서구의 민권 운동을 벌이는 것처럼 인식하고 있었다. 그러나 김윤식은 어윤중과는 달리 난을 일으킨 농민군을 철저하게 도적으로 간주하였다. '농민군이 제시한 보국안민의 기치도 거짓되고 장황스러운 것(吾等爲斥倭洋而會也 保國安民之計也 其說甚誕甚長)'으로 생각했다. 농민군이 백성을 미혹시키기 위해 내건 슬로건일 뿐 전봉준과 김개남 등의 동학 지도부들을 잡아들이기만 한다면 난은 평정될 것으로 보았다. 김윤식이 걱정하는 것은 오히려 동학과 관련 없는 대다수 백성이었다. 백성의 마음이 조정을 떠나 농민군에 휘말리기 전에 이들을 다독거릴 개혁을 진행해야 한다고 생각했다.

그런데 조정은 이미 농민군의 기세에 눌려 이를 평정할 여력이 없었다. 농민군의 진압을 위해 조선에 온 청의 군사들은 일본군에게 속수무책으로 패퇴했다. 이제 내정의 안정을 위해 청군에 의지해 농민군을 진압하기보다는 일본에 의지하고 협조를 구해야 할 판이었다. 조선의 독립과 자주가 서구 세력에 위협당할 때 청이라는 강국의 보호막 속에서 보존해 왔듯이 이제 조선 내부의 적을 막기 위한 수단으로써 일본이라는 외세의 힘과 울타리가 필요한 시점이었다. 정치의 질서를 어지럽히고 국가의 근간을 흔드는 동학도들은 김윤식에게 내부의 적으로 인식되었던 것이다. 이러한 이유 외에도 김윤식이 일본 세력과 동조할 수 있게 된 이유는 다음 그의 생각에서도 드러난다.

나는 오직 천하의 의가 어디에 있는가에 따라 행동해 왔을 뿐이다. 의라고 하는 것은 당대의 마땅한 흐름이다. (… 惟視義之所在 義者何也 時措之宜也)

　　이처럼 김윤식은 스스로 세상의 대의를 좇아 왔음을 고백했다. 갑오개혁이 진행되던 당시의 의는 어디에 있는가? 김윤식의 생각에 과거의 시세는 마땅히 청이었지만, 이제는 일본으로 옮겨가고 있었다. 그렇다면 의를 따르는 길은 일본과 손을 맞잡고 개혁의 중심에 서는 것, 그것이야말로 마땅한 흐름을 좇는 길이라 생각했을 것이다. 그래서 그는 변화하는 시세에 능동적으로 발맞추기 위해 외무서 관원들과 함께 일어 공부도 하기 시작했다. 당시 김윤식의 태도는 현실주의적이기보다는 오히려 기회주의적인 것처럼 보일 수도 있다. 청의 리홍장이 이끌던 무적의 북양함대가 일본에 참패당하는 것을 보면서 국력이 더 센 일본을 활용하려는 의도로 천하의 의를 운운하는 것 아닌가 하는 시각으로 그를 볼 수도 있다. 그러나 이 모든 것은 그의 사상이 변했기 때문이다.

　　갑오개혁을 즈음하여 김윤식의 사상은 어떻게 변화했는가? 김윤식의 사상을 관통하는 것은 어디까지나 개화사상 내에서 분기한 동도서기 사상이다. 이 사상은 중화적 세계관 속에서 전통 유학을 동도로 규정하고, 조선에 부족한 서양의 기술 문명을 수용해 주체적으로 근대화를 도모해 나가고자 하는 일종의 정책론이라고도 볼 수 있다. 김윤식을 비롯한 동도서기론자들이 정책적으로 서기 수용을 도모하면서도 한편으로 굳건히 지켜나가려고 한 것은 유교적 교의를 바탕으로 한 정치·사회적인 질서였다. 따라서 정치 체제로는 동도가 이상적으로 실현되는 군주제를 지지했다. 그렇다고 하여 국왕이 자신의 군권을 마음대로 향유하는 전제 군주제를 지향했던 것은 아니다. 김윤식은 군주제를 지향하면서도 정치를 도와주는 재상과 실력에 의해 등용된 관료들이 군주와 상호 협의 하에 정치를 해 나가는 권력 보완적인 정치 체제를 바람직한 정부 구조로 간주했다.

그가 군주제의 변혁을 제안하지 않은 것은 전통적인 왕정 체제를 고수하는 길이 곧 요순과 공맹이 강조한 왕도 정치를 구현하는 길이라고 생각했기 때문이다. 그런데 갑오개혁은 국왕권을 제한하는 입헌 정체의 방향으로 나아갔다. 국가를 운용하는 데 주요한 사항들인 법령 제정권과 관료 인사권, 재정권, 외교권 등은 모두 내각으로 바뀐 의정부 회의를 통해 이뤄지도록 규정되었다. 따라서 개혁을 통해 군권은 침식되었으며 전제 군주였던 국왕의 지위와 권한은 극도로 약화되기까지 했다. 이러한 진행은 김윤식의 생각과 맞지 않는 것이다.

그런데도 김윤식이 시대의 의를 따르기 위해 갑오개혁에 동참한 이유는 동도를 놓고 도(道)안에서 교(敎)와 법(法)을 구분해 인식했기 때문이다. 그는 변화할 수 없는 최소한의 유교적 교의로서의 교는 유지하면서, 서양의 정치 제도를 포함한 법은 수용하고 변화할 수 있는 것이라고 보았다. 따라서 비록 개혁에 의해 군주정에 심각한 손상은 일어났지만, 유교적 교의가 사회의 지배 원리로 작용하는 한 입헌 정체를 비롯한 서법 수용은 크게 문제될 것이 없었다. 김윤식은 여전히 동도에 대한 우월감 속에서 서법을 수용했고, 이를 통해 동도를 더욱 발전시켜 나갈 수 있을 거라 확신했다. 그 결과 서법 채용에 순응하면서 서기의 외연, 즉 서기의 범주를 점차 확대해 나갔던 것이라고 볼 수 있다.

일본이 주도하는 입헌 정체로의 개혁이 시대의 대의라면 서양의 기술 문명뿐만 아니라 서법까지도 폭넓게 수용하면서 꼭 지켜나갈 동도의 내용을 현실에 맞게 변용하는 것이 조선이 택할 길이라고 본 것이다. 이는 곧 조선이 개혁의 외중에서도 전통을 놓지 않으면서 근대화를 추진하며 살아남기 위한 하나의 방편이었다. 또 다른 시각으로 보면 김윤식은 점점 지킬 수 없게 된 넓은 범주의 동도를 유교적 교의만으로 축소시켜 나간 것으로 볼 수 있다. 그는 축소된 교의만이라도 붙잡고 지키면서 현실에 조응해 나가려 한 철저한 현실주의자의 길을 택했다고 볼 수 있다. 결국, 김윤식은 자신의 사상까지도 변화하는 현실에 맞춰 논리를 새롭게 구성하면서 개혁에 동참해 나갔던 것이다.

사상이 변하다

김윤식의 사상적 변화는 현실의 변화를 고스란히 반영한다. 1880년대 초기만 하더라도 개화 정책론을 제기하는 일부 개화파 인물들, 즉 동도서기론자들의 주장은 동도를 발전시키기 위한 범위 안에서 서기를 도입하자는 것이 요체였다. 당시 사회의 흐름은 동도를 강조하는 가운데 유교적 질서를 체계화하고, 군주 중심으로 개혁을 도모해 나가자는 것이 대세였다. 이들이 끝까지 수용을 거부했던 것은 서양 정신 문명의 요체라 할 수 있는 기독교였다. 기독교가 들어오면, 상하의 질서가 혼란해지고 유교적 윤리가 실종된다고 보았기 때문이다. 그런데 1886년 조불수호통상조약을 계기로 천주교의 조선 내 선교가 가능해지기 시작했다. 기독교의 전파는 초기 천주교 선교와는 달리 포교에 따른 어려운 역경을 거치지 않고 자연스럽게 조선에 퍼져 나가기 시작했다.

대표적인 재야 유학자 황현(黃玹)이 남긴 《매천야록》에는 1897년 광무개혁을 추진하던 시기 "서양 종교에 심취한 사람은 4만여 명에 이르고 명동과 저동 사이에는 높은 교회당이 세워져 수만 명을 수용할 수 있을 정도가 되었다. 세례를 받은 남녀들이 주야로 왕래하는 것을 보고도 노인들은 그저 한숨만 쉬고 있을 뿐이었다"고 전한다. 이제 사회는 유교적 교의를 의미하는 동도만을 강조할 수도, 서양 종교나 서양 학문을 무조건 배척할 수도 없는 상황을 맞이하고 있었다. 이러한 사회의 변화 속에서 김윤식도 서기 수용의 폭을 확대해 나가지 않을 수 없었던 것이다. 김윤식이 다음과 같이 동도와 서기를 뚜렷하게 구분 짓지 않고 통합적으로 수용하기 시작한 것은 시대적 변화를 받아들인 결과라 할 수 있다.

> 6예는 고금에서 통용되던 것인데 도덕인의리(道德仁義理)를 포함하지 않은 것이 없으며 …… 오늘날 신학이라 할 수 있는 정치·법률·공법·경제 등의 여러 학문은 모두 예의 선물이다. (六藝者古今需用之具也 其目有六 而無所不包 道德仁義理也 … 今新學之政治法律公法經濟諸學皆禮之善物也 …)

　　1904년 러일전쟁 이후로 일제의 침탈이 가속화되고 국권이 흔들리면서 유교 중심의 동도를 강조하는 사회적 분위기는 한층 바뀌었다. 국권과 왕권이 허약해지고 유교를 본령으로 하는 정치·사회적 질서를 실현할 수 없는 조건이 되면서 동도는 이제 조선이 따라야 할 정신적 요체가 아니라 버려야 할 개혁의 대상이 되어갔던 것이다. 때마침 1880년대 후반부터 중국을 통해 들어온 서구의 사회진화론은 여기에 불을 붙이는 격이 되었다.

　　사회진화론이란 무엇인가? 이는 일찍이 스펜서(Herbert Spencer)가 사회도 동물과 같은 유기체처럼 단순한 것에서 복잡한 것으로 진화·발전한다고 밝힌 이론이다. 나아가 생물체에서의 적자생존론, 자연도태설과 결부해 사회도 후진 사회, 열악한 사회는 생존 경쟁에서 낙오되며 힘이 세고 우등한 사회가 자유 경쟁에서 이길 수밖에 없음을 주장한 이론이다. 이처럼 제국주의와 약육강식이 정당화되는 시대 분위기 속에서 대한제국은 일본의 강압적 침략 앞에 무방비로 노출되어 있었다.

　　윤치호를 비롯한 수많은 애국계몽 운동가는 우리의 열세를 자인하며, 문명개화한 국가를 이루기 위해서는 강국인 일본의 도움을 받을 수밖에 없는 현실로 인정했다. 대다수 지식인은 조국의 허약한 위상 앞에서 열등감과 상실감에 사로잡혀 일본의 식민지가 된 참담한 현실을 기정사실로 받아들였다. 이와 같은 비극적 상황을 타개할 방도는 없는가? 신채호와 박은식 등이 《이순신전》, 《을지문덕전》, 《동명성왕실기》 등 영웅들의 일대기를 역사서로 서술해 낸 것은 처참한 현실에서 벗어나는 하나의 방법을 찾기 위해서였다. 이들이 부강했던 시기의 과거 영웅들을 역사 속에서 되살려 내고 민족정신을 고취하려 한 것은 무엇보다 강한 국가의식과 민족의식을 일깨우는 것이 필요했기 때문이었다. 이를 통해 깊은 좌절에 빠져 있는 조국의 국민에게 용기와 희망을 줌으로써 새로운 국가 건설의 에너지를 창출하기 위함이었다. 이 시대 우리에게 필요한 것은 소국으로서의 민족적 자기 비하의 감정이 아니라 약소민족으로서 정치적 자주권과 독립을 되찾기 위해 국제무대에 호소하는 것이었다. 강자가 주도하는 세계무대에서 약자도 공존하며 함께 살 수 있는 공존공생의 논리를 개발하는 일이었다. 온전히 약소국의 입장에서, 소국의 입장에서 적극적으로 살아남을 방도를 찾는 길이었다.

이처럼 혼란한 시기에 김윤식은 어떠한 사유와 태도를 보였는가? 김윤식은 을미사변 후 장장 10년간에 걸쳐 두 번째 유배 생활을 했다. 그가 유배를 가게 된 계기는 1895년 명성황후가 일본에 의해 시해된 을미사변과 관련한 사건이었다. 당시 김윤식은 오늘날 외교통상부 장관에 해당하는 외부대신으로 봉직하고 있었다. 사변이 발발하자 갑오개혁의 주역들이었던 김홍집·어윤중·유길준 등은 친일적 개화파로 매도되면서 죽임을 당하거나 일본으로 망명하였다. 특히 김홍집과 어윤중 등은 일본의 눈치 속에서 을미시해의 경위를 확실히 밝혀내지 못했고, 이에 성난 군중의 돌팔매를 맞고 죽음에 이르렀다. 김윤식은 내정보다는 외교 업무에 충실했고, 뛰어난 유학자로서 추앙을 받아온 이유에서인지 다행히 죽음은 면한 채 외부대신직에서 면직되었다. 그러나 곧이어 명성황후 폐비 조칙을 위조해 각국 공사관에 조회시켰다는 이유로 거센 탄핵 상소에 직면하게 되었다. 김윤식에 대한 탄핵 상소는 1896년 5월 영천군수(永川郡守) 허식(許烒)의 상소에서 비롯되어 1897년 12월 전주사(前主事) 김석구(金錫九)의 상소에 이르기까지 여러 차례 계속되었다. 다음은 김석구의 상소 가운데 일부분이다.

> 황후의 폐위를 종묘에 고하는 글을 지은 자는 이승오인데 그 글에 이르기를 '소자는 똑똑치 못하여 종묘와 사직에 근심이 깊습니다. 겨우 임명장을 거두어 왕비를 대신 교체합니다' 라고 하였습니다. 이를 어찌 신하로서 차마 말할 수 있는 것이겠습니까? 이로써 신하의 명분과 의리가 없어졌고 나라의 기강이 퇴폐해졌습니다. …… 김윤식과 이승오는 역적 무리들과 하나이면서 둘이고 둘이면서 하나입니다. …… 이들을 빨리 처단하지 않는다면 어떤 화의 기틀이 또 어느 구석에 잠재해 있는지 알 수 없습니다. (廢后告廟文製述者 承五 而其文曰 '小子不令 憂深宗社 纔收命牒 用替坤裳' 是豈人臣所可忍道哉 臣分威矣 國綱頹矣…而至於允植承五 噫彼逆輩 一而二二而一也…此而不亟行誅戮 未知何樣禍機 又伏在何邊)

이렇듯 김윤식을 처단해야 한다는 강도 높은 상소가 장장 1년 반에 걸쳐 제기되었는데도 고종은 그의 유배를 쉽게 결정짓지 못했다. 그만큼 원로대신으로서의 김윤식을 신뢰하는 마음이 컸기 때문일 것이다. 그러나 황후 시해와 관련된 자들에 대한 분노를 계속 잠재우기 어렵게 되자 고종은 드디어 1897년 12월 20일에 김윤식을 제

주목(濟州牧)으로 종신 유배한다는 조칙을 내렸다. "여론이 더욱 들끓는 만큼 지금까지 관대히 용서한 것은 형벌을 잘못 적용한 것"이라는 설명이었다. 이때 김윤식의 나이는 이미 63세의 고령이었다. 그가 종신형에서 풀려난 것은 정부의 나이 70세 이상자에 대한 방석 조처(放釋措處)에 의해서였으니 하마터면 감옥에서 볼썽사나운 말년을 보낼 뻔하였다.

이처럼 김윤식은 국권이 몰락해 가던 중요한 시기에 유배 생활을 했으므로 일제의 침탈 앞에서 그가 어떤 모습과 대응 논리를 보였는지 구체적인 일화를 찾기는 어렵다. 다만, 그가 남긴 글 속에서 사상적 변화를 추론할 수 있을 뿐이다. 김윤식은 1907년 6월 유배형이 끝나고 서울에 돌아온 후 신기선 등 유림계 인물들이 모여 만든 '대동학회'의 취지서에 다음과 같이 썼다.

> 무릇 학문이란 인의도덕으로 체(體)를 삼고 이용후생으로 용(用)을 삼는 것이니…… 체와 용을 참작하여 완전한 학문을 이루어야 문명국가를 이룰 수 있다. (夫學者 以仁義道德爲體 利用厚生爲用…明體而適用以成 一副完全之學規)

이는 곧 동도의 우월함 속에서 배타적으로 서기를 수용하려 했던 과거를 반성하고 동도와 서기가 발전적으로 결합해야 서로에게 효용이 될 수 있음을 지적한 것이라고 볼 수 있다. 김윤식은 과거에 유교의 허학적 측면은 답습하지 말고 실질적인 것을 따라야 한다고 주장했었다. 이는 당시 대부분의 유학자의 흐름을 반영한 말이기도 했다. 새로운 문명 개진의 논리가 등장하는 속에서 유교의 허례적인 부분에 매달린다면 조선의 장래를 더는 담보하기 어려웠다. 이제 서기의 주체와 내용을 불문하고 문명국을 이루는 데 필요한 것이라면 신축적으로 받아들여야만 했던 것이다. 그 상대는 청이든 일본이든 크게 문제될 것이 없었다. 그 시대의 강자, 그 시대의 의가 어디에 있는가가 중요할 뿐이었다. 우리가 문명국으로 발돋움하기 위해 강자를 이용해야 한다는 현실이 중요했던 것이다.

이미 대세는 기울어 일본의 조선 지배는 확고한 사실이 되었다. 김윤식의 나이 또한 일흔을 넘어서서 적극적으로 일본에 저항하기도, 의욕적으로 일본을 이용하기도 어려운 처지가 되었다. 변모한 시대적인 환경과 지형 속에서 새로운 논리를 개발해 나가기에는 김윤식은 이미 생물학적인 한계에 직면하고 있었다. 따라서 그의 생애 마지막 정치 행위는 3·1 만세 운동 후 내외신 기자 앞에서 일본에 간접적인 항의를 한 것이 전부였다.

조선은 역사 이래 독립국이었으며 하루아침에 나라를 잃고 노예가 되었기 때문에 민중은 분하고 억울하여 독립을 되찾기를 원한다. 나도 민중과 같은 감정일 뿐이다. (我國是四千年以來獨立之國 一朝失國 爲人奴隸 故民情憤鬱 皆願復舊 我亦與民同情而已)

김윤식은 비록 자신의 행위가 소극적 저항에 불과했지만, 조선의 민족정신을 일깨우는 자극제가 되기를 원했다. 그가 말년에 맡은 경학원 대제학은 일본의 감시와 용인 아래에서 비저항 유교 지식인을 교육하는 명예직에 불과했다. 그럼에도 그는 조선의 청년들이 자신과는 다르게 우리의 정신 속에서 새로운 문명의 논리를 찾아 나가길 바랐다.

소국으로 생존한다는 것

김윤식의 삶은 화려했다. 88세라는 짧지 않은 세월을 살았고, 누구보다 한말 정계의 요직을 두루 거치며 정치의 중심에 있었다. 조선이 추진해야 할 근대화의 정신적인 논리를 전통 유학에서 이끌어 낸 대유학자이기도 했다. 그러나 대중은 그에게 다소 비판적이었다. 김윤식을 부정적인 시각으로 보는 가장 큰 이유는 그가 친청파의 거두로서 청나라에 사대주의적인 태도로 일관해 왔다는 점일 것이다.

그런데 김윤식이 활동한 시기는 강대국들의 틈바구니에서 약체인 조선이 살아남기도 힘겨운 때였다. 아편전쟁의 피해가 컸다고는 하나 청나라는 여전히 동북아시아를 호령하는 대국으로서의 위상을 지니고 있었다. 일본은 조선보다 20여 년이나 앞서 문호를 개방한 후 서양 문물을 도입하면서 제국주의 국가로 발돋움하고 있었다. 결코 조선은 나라의 자존과 체면만을 생각할 만큼 한가로운 여건이 아니었다. 김윤식이 보인 소국 의식과 사대 의식은 열등감의 표출이나 국가 존립에 대한 부정이 아니었다. 오히려 강대국에 의지해 소국으로서의 생존 전략을 모색하기 위한 방책이었다고 볼 수 있다. 소국이 대국을 섬기고, 대국이 소국을 우호적인 이웃 국가로 상대하는 이른바 사대교린(事大交隣)은 동북아시아의 전통적인 외교 방식이었을 뿐이다.

열강에 둘러싸인 현실 속에서 자주와 자강은 어떻게 얻어질 수 있는가? 자주는 우리의 생명과 안전을 보장해주는 장치다. 자주를 주장하기 위해서는 현실적으로 자주를 뒷받침할 수 있는 튼튼한 국력을 키워야 한다. 즉 자강이 준비되어 있어야 한다. 그러나 개화 정책을 통해 자강을 갖추려고 해도 재정이 여의치 못해 청의 차관을 도입해야 하는 현실 속에서는 청의 앞선 경험과 위세를 이용할 필요가 있었다. 청일전쟁으로 청의 허상이 드러나기 이전까지는 청이 대세이자 천하의 대의였다. 대국과의 원만한 외교 관계 속에서 소국의 이득을 최대한 챙기는 것이 당시의 시무일 수 있었다. 자주와 자강은 한낱 구호로만 얻어질 수 있는 것이 아니었기 때문이다.

청일전쟁이 일본의 승리로 돌아가면서 시대의 대의와 힘의 중심은 완전히 일본으로 바뀌었다. 일본이 강행하는 갑오개혁이 군주권을 약화시키는 입헌 군주정체를 지향한다는 것은 김윤식에게는 다소 문제가 될 수 있었다. 입헌 정체는 전통적인 유학 사상에서 볼 때 동도가 존숭되는 속에서 유지되어 온 전제 군주제의 변형을 의미했다. 서양의 종교와 법제들은 상하의 질서와 도의를 어지럽히는 것으로서 동도가 침식되는 것을 의미하였다. 그러나 김윤식은 동도를 끝까지 수호할 수만은 없는 현실을 깨달았다. 시대는 이미 변했던 것이다. 그런데 시대가 아무리 바뀌어도 변하지 말아야 할 것이 있었다. 그것은 바로 삼강오륜을 내용으로 하는 교의였다. 이것은 동도 가운데서도 끝까지 지켜나가야 할 우리의 정신이요, 윤리였다. 김윤식은 동도 가운데서도 특히 동교만 지켜진다면 서법 채용은 가능한 것으로 생각했다. 이는 전통에 한 발을 담근 채 근대화를 추진하는 조선의 방식일 수 있었다. 이러한 선상에서 그의 사상을 현실에 맞게 조응하며 개혁에 동참할 수 있었던 것이다. 이는 결코 기회주의적인 처사가 아니라 시대를 읽고 시대에 답하기 위한 그 나름의 논리 변용이었다.

김윤식이 유배지에서 긴 세월을 보내는 동안 조선은 서서히 국망의 과정을 밟았다. 그는 이미 나이 일흔을 넘은 노인이 되었다. 현실은 우리에게 작지만 단단한 나라로서 세계무대로 진출하기 위한 새로운 문명 개진의 논리를 발굴할 것을 요구하고 있었다. 김윤식은 이러한 변화하는 시대에 맞서 적극적인 사회 활동과 구국 운동을 벌이기에는 너무 노쇠했다. 그러나 그는 여전히 조선 정신의 사표로서 때로는 언론을 통해, 때로는 침묵으로 일관하면서 조선을 식민지화한 일제의 부당함을 알렸다. 그의 머릿속에 조선은 역사상 그 어느 나라에도 물리적으로 강박당한 적 없는 자주독립국이었기 때문이다.

김윤식의 삶을 돌아보면 국익을 우선하고 국익을 유일한 시비의 기준으로 삼으며 현실적인 삶을 추구한 인물로 평가할 수 있다. 맹목적인 민족주의를 구호로 외치며 내실 없는 개화를 향해 나아가는 것은 우리의 정신마저도 피폐하게 할 수 있다. 작지만 우리의 것을 알차게 지켜나가면서 세계의 흐름에 발맞춰 나가려고 노력하는 것이 필요한 자세다. 그런 점에서 김윤식이 우리의 정신을 저버리지 않으면서 근대화를 추진해 나가고 소국으로서의 생존 원리를 확보해 가고자 한 것은 오늘날의 우리에게도 교훈이 되는 부분이다. 대국을 배척하지 않으면서 영원한 소국으로 머물려고도 하지 않았던 김윤식의 삶의 길에서 현재 우리의 자세를 살필 수 있을 것이다. 지난날의 용청론(用淸論)은 오늘날의 용미론(用美論), 용중론(用中論) 등으로 활용될 소지가 있다. 그가 견지했던 양절체제 하에서의 외교론도 현재 우리가 주변국과의 관계를 어떻게 만들어 가느냐에 따라 효용이 있을 수 있다는 점에서 시사하는 바가 크다.

최명길_ 시대의 소인, 역사의 거인

조 선 의 정 치 질 서 에 정 면 으 로 도 전 하 다

오수창 : : 서울대학교 국사학과 교수

최명길
1586~1647

최명길은 1605년(선조 38) 약관 20세의 나이로 과거에 급제하고 광해군 대에 이미 6품직인 참상관에 진출했다. 인조반정에 적극적으로 참여하여 1등 공신에 녹훈됐다.

1636년(인조 14) 2월 청이 조선에 사신을 파견해 자기 나라를 황제국으로 섬기라고 요구해 왔으나 사헌부 장령 홍인한이 청의 사신을 극렬히 배척한다. 같은 해 9월 최명길은 국왕이 참석한 회의에서 청과의 정면 대결을 피하고 외교관계를 지속하자고 주장했으나 윤집과 오달제가 반대한다. 병자호란 초기 청나라 군사가 들이닥쳤을 때 최명길은 자원해 목숨을 걸고 적장 마부대를 만나 항의함으로써 인조와 백관이 남한산성으로 피신할 시간을 벌었다.

최명길은 청의 침략 이후 강화를 주장하고 실무를 담당하여 삼학사 윤집, 오달제를 청 진영에 끌고 갔고, 홍익한을 청 군사가 체포하도록 방치하였으며 척화신 김상헌과 대립하였다. 병자호란 후 5~6년간 최명길은 국정을 이끌며 외교를 담당했다. 1637~1638년(인조 15~16) 청이 명을 칠 군사를 요구하자 사은사로 파견되어 징병을 막아냈다.

전란 후(인조 15년)에 최명길은 정축봉사(丁丑封事)라고 불린, 전면적인 정치 개혁을 추진하는 상소를 올렸다. 최명길의 개혁안은 국왕의 허가를 받았으나 직접적이고 강력한 반대, 그리고 은근한 불복종에 부딪혀 결국 무위로 돌아갔다.

최명길은 청에 항복한 뒤 임경업의 주선으로 승려 독보를 명나라에 보내 비공식적 외교 관계를 유지했는데, 1642년 이 사실이 청에 발각되자 청나라로 가 모든 책임을 지고 감옥에 수감되었다가 3년 뒤 귀국해 1647년 5월 사망했다.

최명길은 절친한 친구 장유와 더불어 양명학적 소양을 지녔다고 전해지는데, 그것은 주자 성리학을 지배 이념으로 하던 당시의 사상과 거리가 있었다. 최명길의 이념을 이어받은 소론(少論) 등 후계 세력은 조선 후기 정치 세력의 주류가 되지는 못하였으나 현실주의적 정책 추진에 큰 역할을 하였다.

'소인', 그에게 던져진 오명

1647년(인조 25) 5월, 최명길의 죽음을 기록한 《조선왕조실록》의 기사
에는 다음과 같은 구절이 있다.

> 최명길은 …… 추숭(인조의 친아버지를 왕의 지위에 올린 일)하고 강화를 구
> 걸하는 의논을 힘껏 주도하여 조정의 맑은 의논으로부터 버림받았다.
> 산성에 갇힌 변란에서는 척화의 신하들을 강제로 청 진영에 보내 사사
> 로운 감정을 풀었고, 서울로 돌아온 다음에는 못된 사람들을 끌어다 써
> 서 선비들 사이에 알력을 초래하였으니 사람들이 모두 소인이라고 지목
> 하였다.

소인이란 어떤 존재인가? 조선 시대 선비들이 외우던 공자의 말
에 따르면, 비슷한 사람들끼리 어울려 다니며 못된 짓이나 벌이는 자

며, 일상생활의 편안함에 휩쓸려 지내는 자며, 따지느니 손해와 이익이요, 주위 사물에 얽매여 근심 걱정에서 헤어나지 못하는 자며, 말만 앞세우고 교만하게 굴면서 남들에게 악을 행하도록 하는 자다. 최명길은 과연 무슨 이유로 말미암아 나라의 역사책에 분투하며 살아온 그 평생의 마지막을 전하는 장면에서조차 맑은 의논으로부터 버림받았다느니 소인이라고 지목받았다느니 하는 평을 받아야 했을까?

최명길이 사망하기 10년 전인 1637년(인조 15) 1월 29일 병자호란은 막바지에 도달했다. 국왕 인조는 청나라 황제 태종이 직접 지휘하는 대군에게 포위되어 남한산성에 갇힌 상태에서 홍문관 전 수찬 윤집(尹集)과 전 교리 오달제(吳達濟)를 만났다. 오달제는 겨우 스물아홉 살, 윤집은 서른두 살의 앞날이 창창한 젊은 관원이었다. 그보다 약 열흘 전에 청 진영에서 받아온 태종의 국서에는 조선 국왕이 그들에게 '귀순'하려면 화친을 배척한 신하 두세 명을 묶어 보내야 한다는 요구가 있었다. 한 조정에 섰던 신하를 죽을 자리로 보내는 일은 차마 할 수 없으며, 설령 청의 요구를 들어주더라도 국왕이 해를 입지 않는다는 보장이 없다는 의견이 나왔다. 하지만 국왕을 보호하기 위해서 세자가 자진해 성을 나가 청 진영에 가겠다고 하는 상황에서 별다른 방법이 없었다. 결국 인조는 국왕에게 보고하거나 허가를 받는 절차 없이 대신들이 임의로 척화신들을 처리한다는 방안을 암묵적으로 허가했다. 의정부에서는 그동안 화친을 배척한 사람들에게 자수하라는 명령을 내렸고, 정온(鄭蘊), 김상헌(金尙憲), 윤황(尹煌)과 윤문거(尹文擧) 부자 등이 나서서 각기 자신을 보내라고 요청했다. 사간원의 사간

이명웅(李命雄)은 의정부의 명령이 내려지기 전에 자신이 가겠다고 나선 바 있다. 윤집과 오달제도 공동으로 상소해 앞서 최명길의 주화론을 배격했던 일을 들어 청의 진영에 가 죽게 해달라고 했다.

25일에는 강화도가 함락되어 세자빈과 봉림대군(뒷날의 효종), 그리고 휘하 수많은 인원이 적에게 사로잡혔다는 소식이 들려왔다. 더는 시간을 끌 수 없어 대신과 최명길의 의견이 받아들여졌다. 척화신을 압송하라는 청의 요구를 들어주고 국왕이 성에서 나가 항복하면 나라가 유지될 가능성이 반은 되지만, 나가지 않고 버틴다면 열이면 열, 망하고 말리라는 것이었다.

29일에 인조가 윤집과 오달제를 만나는 장면은 바야흐로 그 두 사람을 죽을 곳으로 떠나보내는 자리였다. 하직 인사를 받은 임금이 눈물을 흘리며 오열했다. 윤집은 '국가를 위하여 만 번 죽어도 아깝지 않다'고 했고, '자결을 못하여 한스럽지만 죽을 곳을 얻었으니 무슨 유감이 있겠느냐?'라는 것은 오달제의 아룀이었다. 윤집은 피난한 세 아들과 소식이 끊어졌고, 오달제에게는 노모와 갓 결혼한 아내, 그리고 아내 뱃속에 든 아기가 있었다. 국왕이 술을 내렸지만, 사신이 이미 문에 나서서 출발을 재촉한다는 승지의 보고가 다급했다. 오달제가 "신이 나라를 위하여 죽을 곳으로 가니 한스러워할 바가 조금도 없습니다"라는 마지막 말을 남기고, 두 신하는 떠났다.

윤집과 오달제는 청 진영에 구금된 후 4월 15일 심양에 도착했다. 다시 나흘 후, 청의 장군 용골대(龍骨大)는 '청과 조선의 사이를 갈라놓은 죄가 죽여야 할 만큼 극히 무겁지만, 처자를 데려와 이곳에 살

수 있도록 해 주겠다'는 황제의 뜻을 알렸다. 하지만 오달제의 답은 '고국에 돌아가지 못한다면 사는 것이 죽느니만 못하므로 빨리 죽여라' 하는 것이었다. 함께 간 조선의 관리들이 오달제의 마음을 돌리려 해보았으나 그는 끝내 듣지 않고 끌려가 죽임을 당했다. 윤집은 '처자가 살았는지 죽었는지 모르므로 그 소식이나 들은 뒤에 결정하겠다'고 하며 대답을 미루었으나 역시 처형당하고 말았다.

위와 같이 윤집과 오달제가 걸어가고 있던 길의 반대 지점에 최명길이 있었다. 잘 알려진 바와 같이 최명길은 청과의 정면 대결을 피하자고 주장했으며, 그들과 부드러운 외교 관계를 지속하는 정책을 추진했다. 인조 14년 9월, 전쟁이 일어나기 석 달 전의 일이다. 최명길은 국왕이 직접 참석한 회의에서, 후금이 앞서 통보해 온 청(淸)이라는 새 국호를 인정하고, 사람을 파견해 그들을 달래는 한편 그쪽 상황을 염탐하자고 주장했다. 그러나 오달제는 최명길의 주장을 정면으로 반박했다. 언관들이 반대 의견을 펴고 있는데, 자기 정책을 고집하는 것은 옳지 않다는 것이었다. 최명길은 잇따른 오달제의 공박에 결국 의견을 접고 일어나 나가야 했다. 일은 거기에서 그치지 않았다. 약 열흘 뒤 오달제는 다시 상소하여, 언관의 언론을 돌아보지 않는 최명길의 '방자하고 거리낌 없는 죄'를 공격했다. 국왕의 노여움을 산 오달제는 하위 관리가 1품의 공신을 함부로 공격했다는 죄명으로 홍문관 수찬 관직에서 파직되었다. 그러자 윤집이 나서서 오달제를 두둔하고 최명길을 공격했다. 그는 최명길이 언관의 발언을 무시하고 임금을 겁주면서 나라를 망하는 곳으로 이끈다고 발언했다. "안으로는 조정, 밖으

로는 일반 백성까지도 모두 그(최명길) 고기를 먹고자 한다(今內而朝廷
外而民庶 皆欲食其肉)"라는 구절까지 있었다. 윤집 역시 임금의 노여움을
사고 홍문관 부교리 직책에서 해임되었다.

그 후 윤집과 오달제를 결박해 청 진영으로 끌고 가서 청 태종에
게 바친 인물이 최명길이었다. 그는 두 신하를 끌고 간 자리에서 다음
날 예정된 조선 국왕의 항복에 대한 문서를 바친 후, 청 황제가 내려
주는 담비 털로 만든 값비싼 옷을 받았다. 최명길은 그 옷을 입고 청
태종에게 네 번 절하여 사례했다.

송시열(宋時烈)이 쓴 《삼학사전(三學士傳)》에 의하면 최명길이 윤
집 · 오달제를 이용해 그 시대의 이름난 선비들을 모두 제거하려 했다
는 설명도 전해진다. 즉 윤집과 오달제가 잡혀갈 때 최명길이 그들을
향해 '홀로 책임을 지려 하지 말고 언관들 이름을 다 대면 그들 모두
를 죽일 수는 없을 것이니 묘책이 될 것'이라고 했다는 것이다. 그러
자 두 사람은 서로 돌아보며 '크게 간악한 사람의 꾀가 매우 교활하
다'고 비웃는 말을 나누었다고 한다.

최명길과 홍익한(洪翼漢)의 관계는 더욱 적대적이었다. 인조 14년
(1636) 병자호란이 일어나던 해 2월, 청은 조선에 사신을 파견해 자기
나라를 황제국으로 섬기라고 요구해 왔다. 이때 홍익한은 사헌부 장
령의 자격으로 청의 사신을 극렬히 배척했다. 청에서 보내온 사신을
죽이고 그 문서를 사신의 머리와 함께 담아 명나라 조정에 보내자는
것이 그의 주장이었다. 병자호란이 일어나고 국왕이 수도를 떠나 도
망가던 날 홍익한은 평양 서윤에 임명되었다. 그리고 인조 15년 1월

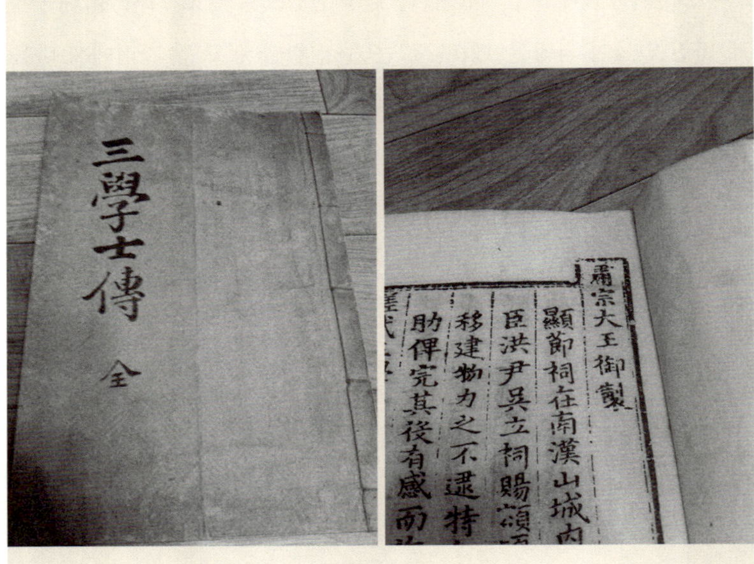

《삼학사전》
조선 시대에 송시열이 편찬한 병자호란 때의 삼학사인 홍익한·윤집·오달제의 전기(傳記). 이 책에 의하면 최명길이 윤집·오달제를 이용해 그 시대의 이름난 선비들을 모두 제거하려 했다고 한다. 삼학사전 표지(좌)와 삼학사를 모신 남한산성의 현절사 사당에 내린 숙종의 글(우).

124

삼학사란 병자호란 때 청에 항복하는 것을 반대한 세 학자 홍익한·윤집·오달제를 말한다. 모두 청에 붙잡혀 갔으나 끝내 굴하지 않고 저항하다가 살해되었다.

22일, 조정에서 척화신을 잡아 보내는 방안을 구체적으로 논의하기 시작했을 때 가장 먼저 지목된 인물이 홍익한이었다. 홍익한은 침략해 들어오는 적을 피해 임지에 도착한 후 군사를 모으는 활동을 시작했다. 하지만 조정에서는 23일에 청 진영에 다음과 같은 문서를 보내 조선의 관리 중에서 맨 먼저 홍익한에 대하여 그 생사여탈의 권한을 침략군에게 넘겼다.

> 화친을 배척한 여러 신하는 …… 감히 그릇되고 망령된 말을 하여 두 나라의 큰 계책을 무너뜨렸으니, 이는 폐하가 미워할 대상일 뿐만 아니라 실로 저희 나라의 임금과 신하들이 공통으로 분하게 여기는 바입니다. 따라서 그들을 처형하는 데 대해서 어찌 조금이라도 돌아보고 아깝게 여길 것이 있겠습니까? 다만 지난 해 봄 초에 앞장서서 논의를 이끈 대간 홍익한은 귀국의 대군이 우리 국경에 이르렀을 때 그를 배척하여 평양 서윤(平壤庶尹)으로 임명함으로써 군대의 예봉을 스스로 감당하게 하였습니다. 만약 군사들 앞에 사로잡히지 않았다면 틀림없이 저희 나라에 들어온 군대가 돌아가는 길목에 있을 것이니 그를 체포하기가 어렵

지 않을 것입니다.

그 후 조정에서는 실제로 홍익한을 잡아 적진에 넘겨주도록 평양에 선전관을 파견했으며, 그는 결국 2월 12일 조선의 지방관에게 체포되었다. 홍익한도 윤집, 오달제와 마찬가지로 청의 심양으로 끌려가서 맨 먼저 죽임을 당했다. 그는 마지막까지 청의 잘못을 지적하고 조선의 척화론 등을 자기 책임으로 돌리며 항거했다고 전해진다.

개전 초기에 홍익한을 평양 서윤으로 내보낼 때 문관들의 인사를 책임진 이조 판서가 바로 최명길이었다. 최명길은 '화의를 배척하여 오랑캐들을 쳐들어오게 한 자는 홍익한이다. 평안도 관직을 이 사람 말고 누구에게 맡기겠는가?' 라면서, 그에게 임지로 떠나갈 것을 재촉했다고 전해진다. 전쟁이 일어났는데 글 읽는 선비를 적진 쪽으로 내보낸 것은 거기에 가서 죽으라는 것밖에 되지 않는다고 하면서 최명길의 처사를 비판하는 논의가 있었다. 또 청이 척화신 압송을 요구하여 영의정 김류(金瑬)가 청나라 군사로 하여금 홍익한을 마음대로 처치하게 하자는 의견을 내놓았을 때, 최명길도 적극적으로 동조했다. 그는 처가 쪽으로 홍익한과 일가가 된다고 하면서도, 옛적 중국에서 강경파를 죽여 적진에 보낸 고사들을 끌어다 대고 임금의 명령이 있다면 남들의 비난을 피하지 않겠다고 했다. 같은 조정의 신하를 차마 어떻게 묶어서 적진에 보낼 수 있느냐는 의견이 대신들에게서 나오고 있을 때였다.

이 같은 삼학사에 대한 최명길의 처사는 같은 임금을 모시는 신

삼전도비.
병자호란 때 청에 패배해 굴욕적인 강화 협정을 맺고, 청 태조의
요구에 따라 그의 공덕을 적은 비석이다. 정식명칭은 '삼전도청
태종공덕비(三田渡淸太宗功德碑)'다.

인조의 항복장면을 묘사한, 삼전도비 옆의 부조물. 인조는 소현
세자와 신료들을 이끌고 청 태종 홍타이지에게 삼배구고두례를
행했다.

하들을 죽을 곳으로 몰아댔다는 점에서 비난받을 만했다. 하지만 삼학사와 최명길의 대립은 개인들 사이의 견해차나 적대 관계에 그치지 않고, 국가 운영의 기본 방향에 직결되는 심각한 문제였다. 오달제, 윤집, 홍익한은 국왕과 신하들의 잘못을 바로잡고 국가의 나아갈 바를 제시하는 일을 직분으로 삼던, 즉 당시의 '언론'을 담당하던 '언관'이었다. 17세기 조선을 이끌던 지배 세력은 자기들을 사족(士族)이라고 칭하면서 국가의 기반 세력이라고 자임했다. 사(士)는 국가의 으뜸가는 기운으로서, 국왕의 도리는 사의 기운을 북돋우는 데 있다고 표현할 정도였으며, 사족에 대해서는 국가의 통제도 바람직스럽지 않은 것으로 생각했다. 국가의 흥망은 다름 아닌 사족의 기운과 동향에 달렸다는 것이었다. 나아가 사회와 국가를 이끌어가는 공정한 논의, 즉 공론(公論)을 모으고 실천하는 주체라는 점에서 사족의 구체적인 존재 의의를 찾았다. 그들은, 조선의 정치 체제는 언론을 담당한 사헌부와 사간원의 관원에게 눈과 귀의 구실을 하게 하고, 나랏일의 옳고 그름을 분간하는 일은 공론에 맡겼다고 했다. 그럼으로써 유사 이래 가장 순수한 통치 체제를 마련했다는 강한 자부심까지 드러내기도 했다. 언론을 맡은 관서는 원래 양사라고 불리는 사간원과 사헌부였지만, 이 시기에는 홍문관도 양사와 다를 바 없이 언론을 담당하게 되었다. 그들 기관의 언관들은 국왕과도 타협하는 일이 있어서는 안 된다고 할 정도로, 국가의 쟁점에 대해 의견을 명확히 제시해야 한다고 요구받았다. 따라서 타협 없는 언론 활동을 보장하기 위한 부수적인 제도들도 여럿 확립되었다. 당시 사족들이 보기에 언관의 활동이 위축되면 바로 극소수 권력가가 부정한 권력을 휘두르게 되고, 그것은 곧바로 국가의 위기로 연결되게 마련이었다. 16세기 윤원형(尹元衡) 등과 같이 견제받지 않는 권력가의 출현은 사족들이 가장 두려워하고 경계하는 정치 상황이었다.

최명길이 삼학사에 대해 취한 조처는 그토록 중요한 사명을 수행하는 언관들을 배척하다 못해, 침략자들이 요구하는 대로 원수의 손에 넘겨 치욕적인 죽음을 맞이하도록 한 것이다. 사족 대다수의 공론을 바탕으로 한다는 확신 위에서 수행한 언론 활동을 죄로 몬 것이다. 당시 일반화되었던 조선의 정치 질서를 생각할 때, 최명길을 향해 삼학사에게 사사로운 감정을 풀었다고 말하거나 소인이라고 평가한 것을 두고 반대파의 일방적인 비판이었을 뿐이라고 간단히 무시하고 넘어갈 수 없다. 최명길의 행동에는 당시 조선의 정치 질서에 대한 정면 도전이라고 볼 요소가 들어 있었던 것이 사실이다.

오명의 반대편, '시대를 구한 재상'

최명길은 자기에게 쏟아지는 비난들에 어떤 대응을 할 수 있었을까? 최명길이 보기에 인민과 국가의 위기 상황을 초래한 책임은 척화신들에게 있었다. 남한산성 농성 중 삼사 관리 등이 청에 보내는 외교 문서에 대해 반대 의견을 냈을 때 최명길이 답한 한 마디는 그 점을 뚜렷이 보여 준다.

> 그대들이 작은 일을 두고 매번 따지고 다툰 것이 이렇게 위태로운 치욕을 초래하였다. 그러지 않았더라면 어찌 오늘과 같은 날이 왔겠는가?
>
> —《인조실록》인조 15년 1월 무오

학문을 닦고 국가 운영에 참여한 관리라면 자신의 말과 행동에 대해 무한한 책임을 지는 것이 마땅했을 것이다. 사실 그 점은 최명길에 앞서 언관들 스스로 깊이 인식했을 것이다. 후금에 사신으로 갔던 나덕헌(羅德憲), 이곽(李廓)에 대한 비판에서 그 점을 확인할 수 있다.

전쟁이 일어난 해 봄에 조선에서는 무장인 나덕헌을 이곽이라는 인물과 함께 후금에 사신으로 파견했다. 그들이 후금에 가 있는 동안에 저들은 나라 이름을 청으로 승격하고 그 임금도 황제를 칭하게 되었다. 나덕헌, 이곽은 그들의 의식에 참여해 축하 인사를 올릴 것을 강요받았으나 온갖 구타와 협박에도 불구하고 머리를 조아려 절하는 예절을 갖추지 않았다. 청이 황제국이 되는 것은 조선과 맺었던 외교 관계에 위배되며, 그것을 축하하는 의례는 청이 아닌 후금에 외교관으로 파견된 자신들의 자격과 임무에 어긋나는 일이었기 때문이다. 그들은 죽임을 당할 위기에 봉착했다가, 황제로서의 위상과 체면을 돌아본 태종의 특별 명령에 의해 겨우 목숨을 건져 조선으로 돌아올 수 있었다. 하지만 조선에서 나덕헌, 이곽을 기다리던 것은 그들의 목을 베어 사람들에게 보여야 한다고 들끓는 여론이었다. 그들은 청을 떠나올 때 외교 문서를 받았는데, 후금이 아니라 '대청(大淸)'의 황제를 칭하고 조선을 향해 '너희 나라(爾國)'라고 표현해 놓았음을 귀국하는 도중에 확인했다. 나덕헌, 이곽은 그 글귀가 외교 관계에 어긋나므로 조선에 가지고 갈 수 없다는 판단에서 숙소의 여러 물건 중에 버려두고 돌아왔다. 그 행동이 문제가 된 것이다.

우선 그들을 맞이한 평안도 감사 홍명구(洪命耉)가 상소했다. 나덕헌 등이 잘 따져보지 않고 문서를 받은 것, 그리고 문서가 잘못되었음을 확인한 다음에도 정식으로 항의하지 않고 버려두고만 온 죄를 물어 그들을 처형한 다음, 그들의 목을 오랑캐의 임금에게 던져 조선의 당당한 입장을 밝히자는 주장이었다. 정부에서는 사람을 청에 보내 그 문서에 대해 항의하고, 정식으로 청의 임금에게 그것을 반납하는 절차를 밟아주기를 요청했다. 하지만 논란은 계속되었다. 언관들을 중심으로 한 조정 관리들, 유생들까지도 연이어 상소해 그들을 처형하라고 요청했다. 다만, 비변사와 김상헌 등의 두둔으로 처형에는 이르지 않고 나덕헌은 의주 백마산성에, 이곽은 선천 검산산성에 3년 기한으로 유배되었다.

나덕헌과 이곽이 돌아왔을 때 청 태종의 황제 즉위식에서 그들이 무릅썼던 위험이 정확하게 알려지지 않은 것은 사실이었지만, 적어도 대강의 사정은 짐작할 수 있었다. 실상을 조사했더라면 그들이 목숨을 걸고 청의 황제에게 굴하지 않은 정확한 상황을 알 수도 있었다. 하지만 비판자들이 보기에 나라를 대표하는 관리로서 청의 부당한 요구를 거부한 것은 너무도 당연한 일이어서, 그 뒤 심각한 잘못을 범했다면 그 전의 용기있는 행동과 관계없이 잘못에 대한 무한한 책임을 져야 할 따름이었다. 윤집과 오달제를 청의 진영에 보내는 것은 언관들로서도 끝까지 반대할 상황이 아니었다. 시비를 가리는 일에 양보가 없던 나만갑(羅萬甲)이나 홍문관의 부제학 이경석(李景奭), 대사간 박황(朴潢) 등도 청에 압송할 인원을 줄이기 위해서 그 두 사람을 희생시키는 데 소극적으로나마 동의할 수밖에 없었다.

최명길이 삼학사를 청 진영에 끌고 간 것은 그가 주로 항복의 교섭을 담당했기에 빚어진 일이다. 하지만 그 행동에 주저함이 없었던 것은, 최명길이 형식을 돌아보거나 뒷날에 대비한 구실을 마련하는 데 신경을 쓰는 인물이 아니었기 때문이다. 농성 중이던 1월 25일, 인조는 세자의 요청을 받아들여 그를 보내겠다고 청 진영에 통보할 것을 명령했다. 대신들이 모두 명령을 받들지 못하겠다고 하는 가운데, 최명길만이 나서서 일이 매우 급하니 자신이 그 일을 맡겠다고 했다. 영의정 김류가 다시 안 된다고 하자 최명길은 그를 향해 "지금이 정말 어떤 때인데 형식이나 갖추자는 말을 하고 있습니까?" 하고 쏘아붙여 그의 말문을 닫았다.

그런 태도는 하위 언관들을 향해서도 마찬가지였다. 1월 17일 청 황제에게 폐하를 칭하는 문서를 작성해서 보내려 할 때, 삼사 관원들이 어전에 들어와 문서에 문제가 많으니 내일을 기다리자고 하면서 시간을 끌었다. 최명길은 청에 대해 신하를 칭하느냐의 가부를 논하는 것은 몰라도, 사신을 언제 보낼 것인지 결정하는 것은 그들의 일이 아니라고 화를 내어 꾸짖었다. 최명길은 핵심을 회피하는 것을 비판하고 구체적인 논의에 집중하는 논리로 일관했다. 앞서 사간원에서 국왕의 피난처를 불사르고 전면적인 전쟁 준비를 하자고 한 바 있다. 최명길은 거기에 대해서는 오히려 높이 평가했다. 척화를 전제로 한 사간원의 주장은 자신과 의견이 다르지만 논의가 확실하고 계책이 채택할 만해 대중을 따라 부화뇌동하는 것이 아니라는 점을 높이 샀던 것이다.

최명길의 행적을 볼 때, 그는 삼학사 압송을 주도한 자신의 태도를 설명하거나 변명할 필요를 느끼지 못했을 것이다. 최명길이 가장 꺼리는 자가 윤집과 오달제였으므로 그 두 사람으로 한 나라의 화를 막으려 한 것이라는 평가도 있고, 자기의 개인적 감정을 풀었을 뿐이라는 설명도 있다. 하지만 척화를 주장했던 삼사 관원은 물론 척화를 했다고 자수한 자를 모조리 잡아 보내 적을 기쁘게 하자는 의견도 있었던 것에 비하면 최명길의 삼학사 압송은 오히려 매우 절제된 것이었다. 물론 논리가 명쾌하지 않은 일도 있었다. 개전 초기에 홍익한을 평양 서윤으로 내보낸 것은 언관에 대해 자기 말에 책임을 지도록 했다는 것만으로 설명할 수 없다. 문관이 전선에 가서 해야 할 일이 뚜렷하지 않았기 때문이다. 굳이 설명하자면, 강경한 척화론을 주장한 인물로 하여금 적군과 맞서게 함으로써 앞으로 벌어질지 모르는 척화론자들과의 대립에서 기선을 제압하고자 하는 의도가 있었을지 모른다.

중요한 것은 이런저런 정당화나 변명이 아니다. 문제는 삼학사로 하여금 전란의 책임을 지게 하고도 떳떳할 만큼 최명길이 부끄러움 없는 행적을 보여 주었는가 하는 점이다. 1636년 12월 14일 오후, 전란 초기의 장면이다. 인조는 나아갈 길을 잃어버린 채 숭례문 문루에 앉아 있었다. 그날 적군의 선발대가 이미 개성을 지났다는 개성 유수의 보고를 받고 종묘사직의 신주와 세자빈을 먼저 강화도로 보낸 후, 오후에는 국왕과 세자도 궁궐을 떠나 강화도로 향했다. 그러나 숭례문을 채 지나지 못했을 때 다시 보고가 올라와 적이 이미 홍제원(弘濟院)에 도착했고, 한강을 차단했음을 알렸다. 강화도로 들어가는 길은 이미 끊겼음이 확인되었다. 국왕이 "일이 급하게 되었다, 장차 어찌할꼬(事急矣 將奈何)"라고 말하자 다들 황망해 하는 가운데 이조 판서 최명길이 나섰다. 《연려실기술》은 이때 최명길의 발언을 다음과 같이 전한다.

종묘사직의 존망이 숨을 들이쉬고 내쉬는 사이에 달려 있어 일을 어떻게 할 도리가 없게 되었습니다. 청컨대 홀로 말을 몰고 달려가서 도적의 장수를 보고 무단으로 군사를 발동하여 몰래 깊이 들어온 뜻을 묻겠습니다. 오랑캐가 만일 신의 말을 다시 듣지 않고 신을 죽인다면 신은 마땅히 말발굽 아래에서 죽을 것이요, 다행히 서로 말을 붙인다면 잠시라도 칼날을 머무르게 할 것입니다. 서울 가까운 곳에서 방어할 만한 땅은 남한산성만한 데가 없으니, 청컨대 전하께서는 수구문(水溝門, 광희문)을 통해 빠져나가 급히 달려 산성에 들어가서 일이 전개되는 것을 살피소서.

최명길은 인조의 허락을 받아 부사 이경직(李景稷)과 함께 홍제원의 적진으로 갔다. 적의 장수 마부대(馬夫大)를 만나 두 나라가 정묘호란 때 맺은 형제 관계의 맹약을 어기고 군사를 동원한 까닭을 힐문하면서 짐짓 시간을 끌었다. 임금은 세자와 백관을 거느리고 도성을 빠져나가 남한산성에 들어갈 수 있었다. 최명길을 공격하던 척화신들도 그가 적진에 가 시간을 버는 동안에 남한산성으로 들어갔다.

최명길은 전란 전부터 일관된 신념 위에서 행동해 왔다. 당당한 명분을 앞세운 척화론이 일찍부터 조정을 압도했지만, 그는 전란이 일어나기 전부터 후금의 사신을 불필요하게 자극하지 말자고 주장했다. 한편, 호란이 일어나기 반년 전 척화의 명분만 높고 전란에 대한 실제 대비가 없는 상태에서 구체적인 방어책을 건의한 인물도 최명길이었다.

> 싸워서 지킬 계책도 결정하지 못하고, 또 환란을 완화시킬 책략도 아니하여 하루아침에 오랑캐의 기병이 달려들어 오면 체찰사는 강화도로 들어가 지키고, 원수는 물러가서 정방산성을 지키고, 백성은 물고기 살과 같이 짓이겨지고 종묘와 사직은 피난할 뿐이니, 이런 경우를 당하면 누가 장차 그 허물을 책임질 것입니까?
>
> — 이긍익, 《연려실기술》

최명길은 앞날을 위와 같이 예견하면서, 사령관인 체찰사(體察使)가 주도하는 의정부를 평안도 변방에 개설하고, 국왕이 강화도에 옮겨가 방비 태세를 강화할 것을 요청했다.

청이 침략해 온 이후 강화의 주장과 실무를 담당해 위급한 상황에서 국왕과 나라를 유지한 주역은 물론 최명길이었다. 그가 항복을 추진하는 가운데 척화신 김상헌과 벌인 대결은 널리 알려졌다. 1월 18일, 최명길은 국왕과 신하들이 일차 검토를 마친 문서를 남한산성 안의 비변사에서 수정하는 중이었다. 인조가 청 태종을 처음으로 '폐하'라고 지칭하게 된 실질적인 항복 문서였다. 예조판서 김상헌이 밖에

병자호란 초기 청나라 군사가 들이닥쳤을 때 최명길은 자원해 목숨을 걸고 적장 마부대에게
가서 항의함으로써 인조와 백관이 남한산성으로 피신할 시간을 빌었다.

서 들어와 그 문서를 보더니 통곡하며 찢어버리고 최명길을 꾸짖었
다. 최명길은 빙그레 웃으며 말했다. "대감은 찢었으나 우리는 마땅히
이것을 주워야 합니다(台監裂之 吾輩當拾之)." 그리고는 찢어진 문서를
모아 이어 붙였다. 하지만 여러 신하의 반대로 그 문서에서 폐하라는
단어는 삭제되었다.

국왕의 항복으로 비록 전란은 끝이 났지만, 그것은 조선 정부가
청과의 관계에서 겪는 고통의 새로운 시작이었다. 병자호란 후 5~6
년간 최명길은 국정을 이끌며 그 어려운 외교를 담당했다. 그는 출성
후 약 두 달 만에 우의정이 되고, 이어 좌의정에 오른 후 다음 해 9월

남한산성 부근을 간략하게 묘사한 남한산성도(南漢山城圖). 산성의 4대문과 옹성, 서장대(西將臺)가 표시돼 있다. (출처 규장각 소장 《동국여도(東國輿圖)》)

에는 영의정으로 승진했다. 체찰사였던 영의정 김류와 그 휘하 세력은 방어에 실패한 책임을 지고, 척화론자들은 전쟁을 불러들였다는 비난 속에서 동시에 축출되었다. 이조 판서에 있었던 최명길에게는 어느 쪽의 비난도 해당하지 않았을 뿐만 아니라 개전 초에 스스로 적진에 들어간 것 등의 활약은 인조의 신임을 더욱 깊게 했을 것이다.

청은 임금에게서 항복을 받을 때부터 조선에 명나라를 칠 군사를 요구했다. 그러한 요구가 계속되는 중에 최명길은 인조 15년 7월에 사은사(謝恩使)로 심양에 파견되었다. 그는 그곳에서 병을 얻어 일행과 함께 돌아오지 못하고 뒤늦게 12월이 되어서야 귀국했다. 그의 표현대로라면 "다시는 용안을 뵙지 못하고 먼저 죽을 뻔하였다(幾不得復覩 天顏, 而身先溘然也)"는 것이다. 그런 가운데서도 그는 조선이 명을 공격할 지원병을 내지 않도록 청의 허락을 받아 오라는 임무를 완수했다. 그는 이듬해 9월 다시 청에 파견되었을 때에도 징병을 막아낼 수 있었다. 조선이 청의 징병 요구에 응하게 된 것은 그 뒤 최명길이 정승에서 물러나 금천에 거주할 때였다.

최명길은 청에 항복한 뒤에 평안 병사 임경업(林慶業)의 주선으로 독보(獨步)라는 이름의 승려를 통해 명나라와 비밀히 연락을 취했다. 형세가 부득이해 청에 굴복할 수밖에 없었던 조선의 사정을 알리고 비밀스럽게나마 명에 대한 정성을 다하겠다는 내용이었다. 여기에는 신경진(申景禛), 심기원(沈器遠) 등 그와 행로를 함께했던 고위 관인뿐 아니라, 이명한(李明漢), 강석기(姜碩期) 등 당시 쟁쟁한 사림 세력도 참여했다. 그러나 인조 20년(1642)에 이르러 청에 그 소식이 들어감으로써 나라가 위기에 처하게 되었다. 조정에서는 사실을 감추자는 의견이 나왔으나 최명길은 다시 위험을 한 몸에 떠안고 청을 향해 길을 떠났다. 자칫 화가 임금에게 돌아갈 수 있으므로, 사실대로 밝혀 자신과 임경업의 죽음으로 일을 막을 수 있어야 한다는 것이었다. 그가 의주에 도착했을 때 어떤 이들은 임경업에게 모든 책임을 미루어 희생을 줄이자고 했다. 최명길이 대답했다.

그럴 수 없습니다. 이미 다른 사람과 더불어 일을 같이 하여 천하에 명분과 의리를 세우고자 하였는데, 지금 어떻게 죽고 사는 지경에 이르러

남에게만 미루고 자신은 모면할 수 있겠습니까?

— 이긍익, 〈독보〉, 《연려실기술》

이때 그는 '우리나라 대신 한두 사람이 이 때문에 죽어야 후세 천하에 대해 할 말이 있게 된다' 고 하면서 장례 도구를 준비해 갔다고 한다. 청에 도착한 최명길은 위협에 굴하지 않고, 모든 것이 자기 책임일 뿐이라고 고집하다가 청의 감옥에 구금되었고 3년 뒤에야 귀국할 수 있었다. 국왕과 다른 신하들은 모르는 일이라고 그가 우긴 덕분에 조선의 조정과 사림 세력은 관련 인물 몇 명이 관직에서 물러나는 것 외에 별다른 피해를 받지 않고 넘어갈 수 있었다.

이처럼 전란과 복잡한 외교적 문제들을 풀어 가던 최명길은 참기 힘든 주위의 공격을 이겨내야 했다. 홍익한 등 삼학사 뿐 아니라 곳곳에서 극렬한 비판을 받아야 했으며, 인조에게서도 항상 전폭적인 지지를 받은 것은 아니었다. 남한산성에 들어간 초기의 일이다.

전 참봉 심광수(沈光洙)가 땅에 엎드려, 한 사람을 목 베어 화의를 끊고 백성들에게 사과할 것을 청하였다. 상이 하문하기를 "그 한 사람은 누구를 가리키는가?" 하니, 대답하기를 "최명길입니다." 하자, 상이 유시하기를 "너의 뜻은 내가 이미 알고 있다." 하였다.

— 《인조실록》 인조 14년 12월 병술

관직으로 보면 심광수는 가장 말단인 참봉을 지낸 인물에 불과했다. 조정의 핵심 관리를 공격하는 하급 신하를 꾸짖지 못한 인조의 속마음이 어떤 것이었든, 최명길은 그 대화를 듣고는 바로 자리를 피해야만 했다.

물론 인조는 최명길이 적진에 나아가 자신을 향한 적군의 진격을 늦춘 것 등을 들어 최명길을 두둔한 적도 많다. 그러나 최악의 경우 임금인 자기가 청에 끌려가 죽임을 당할지도 모르는 극한 상황에서, 최명길의 활동에 대해서도 전폭적인 신임을 줄 수는 없었다. 적이 처음 서울에 들어왔을 때 최명길이 적장을 만나고 돌아와 그들이 조건만 채워지면 강화를 할 것이라고 보고한 데 대해서 인조는 "경은 필시 속은 것이다(卿必見欺矣)" 하고 대답했다. 며칠 후 인조는 최명길이 적진에 갈 때마다 속는다고 한때 그를 시켜 청과 교섭하는 것을 막고 다른 인물을 보내도록 한 적도 있다. 그 뒤 최명길이 화친을 주장하는 것은 적에게 속아서 그러는 것이라는 신하들의 의견이 올라왔을 때에도 인조는 그것을 사실로 인정했다. 최명길이 국가 위기를 타개한 것은 이처럼 아래위에서 가해지는 반대와 불신을 이리저리 피하거나 타고 넘어가면서 힘들게 수행하는 과정이었다.

최명길은 굳세고 깨끗한 몸가짐으로 국가의 위기에 대처했고, 그것은 다른 많은 사람과 비교할 때 뚜렷한 광채를 발했다. 그를 향해 '소인으로 지목되었다'고 서술한 실록의 평가에서도 그 비난이 결국 다음과 같은 구절로 이어졌다.

위급한 일이 있으면 피하는 일 없이 앞으로 나아갔고, 일을 만나 칼로

쪼개듯 해결한 것은 다른 사람이 미치지 못할 바였으니, 또한 한 시대를 구한 재상이라고 할 만하다.

—《인조실록》 인조 25년 5월 정사

다른 이들의 행적

최명길의 몸가짐은 국가의 고위 관리로서 당연했다고 할 수도 있다. 그러나 위급한 상황에서 그 당연한 모습을 유지하는 것은 쉬운 일이 아니었다. 인조반정 이후로 줄곧 으뜸가는 권력을 차지했고, 전란 당시 영의정 자리에 있으면서 국왕 밑의 총사령관격인 체찰사를 겸임했던 김류의 행적을 살펴보자. 그는 전쟁이 일어나기 전만 해도 원래 척화론 쪽에 서 있었으므로 나이 젊고 강직한 주장을 펴는 사람들의 추종을 받았다. 적이 깊이 쳐들어오게 되면 처형해야 할 책임자를 임금 앞에 나서서 나열하기도 했다. 그러나 일이 잘못되면 그 자신 역시 중한 처벌을 면치 못할 것이라는 임금의 말을 듣고 난 후 화의 쪽으로 돌아섰다고 한다. 실제 적이 침략해와 조정의 논의가 화친 쪽으로 갈 수밖에 없게 되었을 때, 그는 최명길의 손을 잡고 걱정했다.

"나의 뜻은 그대와 조금도 다를 것이 없으나, 다만 선비들의 공론을 어찌하겠는가?" 하니, 명길이 말하기를 "우리들은 비록 만고의 죄인이 될

지라도 반드시 임금이 망할 줄 알면서 차마 그대로 둘 수는 없으니, 오늘의 화친은 아니 하지 못할 것이오." 하였다.

— 이긍익, 〈인조조 고사본말〉, 《연려실기술》

흔들림이 없는 최명길의 입장에 비해 다른 사람들의 평가를 두려워하던 김류는 자기가 살 길을 뚫기 위해 동료 관원을 희생시키는 데 더욱 적극적으로 나섰다. 실록에 의하면 적들로 하여금 홍익한을 마음대로 처리하게 하자는 논의를 김류가 주도했고, 척화신을 적진에 보내는 논의에서도 그는 다음과 같이 말했다.

"오늘 화친을 배척한 사람을 붙잡아 보내야 할 텐데, 사람들이 모두 엄호하면서 곧바로 지목하려 들지 않습니다. …… 신들의 생각으로는 그 당시의 삼사 및 오늘날 자수한 자를 아울러 잡아 보내면 저들이 반드시 숫자가 많은 것을 기뻐하리라 생각합니다."

—《인조실록》 인조 15년 1월 무진

다른 기록에 의하면 그가 척화신으로 지목해 청 진영에 잡아 보내자고 한 인원은 김상헌, 정온 등 고위 관인들을 포함하여 열한 명에 이르렀다. 그러나 다른 신하들의 강력한 반대에 부딪혀 그 인원이 윤집과 오달제 두 사람으로 축소되었던 것이다.

국왕이 처음 남한산성에 도착했을 때 김류는 그제라도 강화도로 옮기자고 적극적으로 주장했다. 가벼운 무장으로 금천과 과천의 들을

가로질러 가면 된다는 김류의 강력한 주장에 다음날 새벽 국왕 일행
은 남한산성을 나섰다. 하지만 눈보라가 심하게 몰아치고 산길이 얼
어붙어 말이 발을 내딛지 못했다. 국왕이 말에서 내려 걷기까지 했으
나, 결국 길을 포기하고 성으로 되돌아갔다. 이때 김류가 형세를 돌아
보지 않고 국왕을 향해 강화도로 옮겨 가자고 주장한 것은, 그의 가족
이 이미 강화도에 들어가 있기 때문이라는 지적이 젊은 관인들에서
나왔다. 뒤에 밝혀진 바지만 적은 이미 교하와 행주 등에서 강을 건너
가 국왕의 행차를 기다리며 매복하고 있었다. 아래에 서술하는 바와
같이 김류의 아들 김경징(金慶徵)이 강화도 방어에 어이없고 수치스럽
게 실패한 것이 우연이 아니었을 듯하다.

　김류가 첩에게서 얻은 딸이 적에게 붙잡혔다. 남한산성에서 나와
항복한 후 김류가 그 딸을 구하고자 국왕에게 아뢰어 청의 장수 용골
대에게 부탁하게 했다. 국왕은 용골대에게 말했으나 가부의 대답조차
듣지 못하는 수모를 겪었다. 그러자 김류는 직접 나서서 그 딸을 돌아
오게 한다면 천금을 주겠다고 말했다. 대답을 듣지 못한 김류는 다시
조선인으로서 청의 역관 노릇을 하는 정명수(鄭命壽)를 끌어안으며 사
사로운 청을 넣는 장면을 연출했다. 붙잡힌 사람들을 찾아오는 값이
턱없이 비싸지게 된 것은 김류의 이런 행동이 계기가 되었다고 한다.

　이 문제에 대해서도 최명길은 생각이 전혀 달랐다. 그는 임금에
게 글을 올려, 한쪽에서 속환하는 값의 고하를 따지지 않음으로 말미
암아 그것이 자꾸 높아지고, 가난한 백성은 끝내 속환할 길이 없어지
는 상황을 한탄했다. 그리하여 그는 국가에서 속환하는 값의 상한선

을 100냥으로 정해 그 액수를 넘기는 자들은 중죄로 처벌하자고 했다. 부유한 소수 쪽이 아니라 백성의 입장을 두루 헤아린 행동이었다.

위의 내용은 당시 영의정이었던 김류의 사례를 뽑아서 최명길의 행적과 대비해 본 것이지만, 그밖에 설명하기도 당황스러운 사례가 수없이 발견된다. 신경진과 구굉(具宏)은 모두 인조의 인척으로서 인조반정에 참여해 공신에 녹훈된 인물들이다. 그들은 남한산성에서 정예 부대인 훈련도감과 어영청의 부대를 지휘했는데, 하루는 그 장수와 군졸들이 국왕의 거처 근처에서 척화신을 내달라고 요청하고, 또 승정원 앞으로 몰려가 자신들을 말리는 승지를 모욕하는 등 소란을 부렸다. 군사들이 자기들이 지켜야 할 성 위의 자리를 비워 두고 내려온 것이다. 척화신을 협박하고 강화를 빨리 성사시키려고 그 지휘관들이 사주한 일이었다. 김류는 군사들의 하극상에 대해서도 그들의 청을 따르도록 노력하는 수밖에 없다고 국왕에게 말했다.

형조 판서 심집(沈諿)의 행적도 후대의 독자들을 당혹스럽게 한다. 전란 초기에 적장은 조선의 왕자 그리고 대신들과 교섭하기를 요청했다. 조정에서는 능봉군 이칭(李偁)이라고 하는 이름의 종실 인물을 골라 왕의 동생이라고 칭하고, 심집에게 임시로 대신의 직함을 주어 이칭과 함께 청의 진영에 파견했다. 그런데 그곳에 도착한 심집은 "내 평생에 말을 성실하게 하였으므로 오랑캐라도 속일 수가 없다"라며 자기들의 실제 지위를 밝혔다. 종실 인물 이칭은 심집의 말을 부정하여 자기가 왕자이며 대신이라고 고집하였고, 전란이 일어나기 전에 청에 사신으로 갔다가 적진에 잡혀 있던 박난영(朴蘭英)은 심집의 말을 부정하고 이칭이 옳다고 했다. 결국 삼집 때문에 속은 것을 알게 된 청의 장수는 박난영을 베어 죽였다.

종묘의 신주와 세자빈을 모시고 강화도 방비를 책임진 인물은 검찰사의 관직을 띤 김경징이었다. 영의정 김류의 아들인 그는 처음 서울을 떠날 때부터 어머니와 아내를 고급 가마에 태우고 계집종까지도 말에 태웠는데, 짐바리와 합쳐 말을 50마리나 거느렸다. 그러면서도 세자빈을 제때에 섬으로 들어가게 하지 않아 그녀는 이틀 낮 이틀 밤을 물가에 머물러 있어야 했다고 한다. 그는 강화도의 지형을 믿고 방어에는 신경도 쓰지 않고 시간을 보내다가 정작 적이 들어왔을 때는 나룻배를 타고 먼저 도망했다. 강화 유수인 장신(張紳)은 수군 사령관인 주사대장을 겸했지만, 적과 싸움이 필요할 때 배를 돌려 물러났다. 그들은 각기 자기 어머니도 죽음으로 몰아넣었다.

물론 침략군을 만난 모든 사람이 위와 같았던 것은 아니다. 남한산성을 지키던 군인들이 본분을 저버리고 소란을 벌일 때, 수어사 이시백(李時白)은 휘하의 군사를 일절 동요하지 않도록 지휘했으며, 줄곧 빈틈없이 임무를 수행했다. 박로(朴魯)라는 하는 인물은 사태가 그토록 엄중한 때에 적국인 청의 진영을 드나들면서 정확한 판단 아래 조정의 명령을 충실히 수행했다. 그는 인조가 항복할 때 청나라 진영에 구금되어 있었지만, 거기서 풀려나자마자 다시 국경을 넘어가야 했다. 청의 사정을 잘 안다는 조정의 판단에 따라 임무를 수행해야 했던 것이다. 세자의 수행원이 되어 나덕헌과 이곽의 목을 베자고 앞장서서 상소한 평안도 관찰사 홍명구는 병자호란에서 최대의 전과를 거두

김상헌(金尙憲, 1570~1652)

광해군 대에 문과에 급제해 벼슬 생활을 시작했으나 북인의 권력 독점에 반대해 지방으로 내려갔다. 인조반정으로 이조 참의에 발탁된 후, 주로 서인 일반 사림들의 입장에서 반정 공신들을 견제하는 정치 활동을 벌였다. 후금·청에 대하여 강경한 태도를 보여 남한산성이 포위되었을 때도 끝까지 항전할 것을 주장해 척화파의 지도자 역할을 했다. 전란 이후 안동으로 내려갔다가 청의 요구로 그곳에 끌려가 6년에 걸쳐 구금되었다. 귀국한 후에 좌의정까지 승진했다. 다음은 김상헌이 청에 끌려갈 때 지은 시조다.

가노라 삼각산아 다시 보자 한강수야
고국산천을 떠나고쟈 하랴마는
시절이 하 수상하니 올동말동 하여라.

며 싸우다 후퇴하지 않고 전사함으로써 자기주장을 부끄럽지 않게 했다. 이 밖에도 직분에 충실한 인물의 예 또한 수없이 들 수 있다.

최명길의 행적과 늘 비교되는 인물로 전란 중 예조 판서 직함을 지닌 김상헌이 있다. 척화파 신료의 대표자로서의 그의 행적은 앞서 소개한 대로 최명길이 작성한 외교 문서를 찢던 장면이 대표적이다. 그는 남한산성에 있을 때부터 고개를 갸우뚱하게 하는 화젯거리를 만들어 냈다. 청에 대한 화의 배격이 받아들여지지 않자, 그는 음식을 끊어 죽기를 각오했다. 그러나 척화신을 압송하라는 청의 요구를 듣고는 그 일을 피하려 했다는 말을 들을까 단식을 포기했다. 1월 28일에는 자결하고자 목을 매기도 했다. 그러나 아들과 조카 등 여러 사람이 옆에서 구했으므로 뜻을 이룰 수 없었다. 뒷날 김상헌 추종자들의 공격을 받은 최명길은 김상헌의 이 행동에 공개적으로 의문을 표시했다. 그 아들 옆에서 죽으려 목을 맨 것이 과연 이루어질 수 있는 진실한 행동이었겠느냐는 것이었다.

전쟁이 끝난 후 김상헌의 행적은 본격적으로 큰 논란의 대상이 되었다. 그는 항복에 즈음하여 예조 판서의 직무를 수행하기를 거부했으므로 치욕스러운 의례 관련 일을 다른 사람이 맡아 보았다. 그는 마침내 인조가 성에서 나와 청 태종에게 무릎을 꿇을 때 국왕을 수행하지 않았을 뿐 아니라 몸을 빼내 멀리 안동으로 들어갔다. 특히 그는 세자를 보좌하는 빈객의 직책에 임명되었는데도, 청나라에 인질로 잡혀가는 세자를 보좌해 따라가는 것은 고사하고 절하고 전송하는 예의마저 저버렸다. 묘지명의 설명에 의하면, '임금이 사직을 위해 죽으면 신하도 따라 죽어야 하며, 그렇지 않다면 간쟁을 하여야 하는데 간쟁하여 받아들여지지 않으면 물러나 자신을 스스로 바르게 하는 것이 신하의 의리'라는 것이었다.

여기에 대한 반대파의 비판은 혹심했다. '이름난 신하로서 국왕의 인정을 받았는데도 임금이 큰 위험에 빠졌을 때 멀리 달아났으며, 일이 대개 안정된 다음에도 끝내 국왕을 찾아와 뵙지 않으면서 절의를 지킨다고 한다'는 것이었다. 그의 행위는 '명예를 구하느라 임금을 팔아먹고 붕당을 세워 국가를 그르친 것'으로 규정되기도 했다. 척화신들의 '큰소리'를 따르다가 치욕을 당한 인조 또한 그를 가혹하게 비판했다.

"오늘날 나라 일이 여기에 이른 것은 모두 시비가 밝지 않은 데에서 말미암았다. 평소 벼슬이 영화롭고 녹이 많은 때에는 떠나는 자가 있다는 말을 듣지 못하였는데, 위태로워 망하게 되자 앞을 다투어 나를 버리니, 누가 동방을 예의의 나라라 하겠는가? 김상헌이 평소에 나라가 어지러우면 같이 죽겠다는 말을 하였으므로 나도 그렇게 여겼는데, 오늘날에 이르러서는 먼저 나를 버리고서 젊고 무식한 자의 앞장을 섰으니, 내가 매우 아까워한다. …… 김상헌의 일은 한번 웃을 거리도 못 되는데 무식한 무리는 오히려 남들이 할 수 없는 일이라고 하니, 세상을 속이고 명예를 훔치기가 쉽다 하겠다."

—《인조실록》인조 15년 9월 신미

김상헌의 행동은 그를 두둔하는 사람조차 '그 자취를 말하면 사면할 수 없는 죄'라는 것을 인정했는데, 두둔하는 논리로는 '그 심정을 헤아려 보면 실로 용서할 만하다'라고 하는 형편이었다. 개전 초기에 관직을 내놓고 조정을 떠나 있는 상태였는데도 국왕을 따라 남한산성에 들어갔으며 항복 직전 자결을 시도했다는 사실 정도가 항복 후에 국왕을 버리고 떠나간 행위를 변명하는 근거로 두고두고 이용되었다.

그러나 '가노라 삼각산아'로 시작하는 시조가 아이들의 입에까지 오르내리듯이, 김상헌이 청에 끌려간 행적은 매우 높이 평가된다. 1640년 청에서는 김상헌의 척화 행적을 알아내고 그를 잡아 바치라고 요구해 왔다. 11월 8일 이후 조선 조정은 '대신들을 심양으로 잡아 가겠다', '김상헌을 체포하기 위해 직접 군대를 파견하겠다' 라는 등 청의 협박을 받아 공포에 떨었다. 그런 가운데 김상헌은 12월 8일 서울에 도착해 이튿날 조한영(曹漢英), 채이항(蔡以恒) 등의 척화신과 함께 청으로 향했다.

김상헌은 청에 도착한 이후 1645년 2월에 완전히 풀려나 귀국할 때까지 당당하게 대처해 청나라 사람들의 감탄을 샀다고 한다. 하지만 그는 청의 심문에 답해, 남한산성에 나올 때 임금을 따르지 않고 고향으로 돌아간 이유는 '늙고 병이 들어서 걸음을 걸을 수 없어 국왕을 따라가지 못하였으며, 병이 조금 나은 후에야 비로소 지방으로 갔다' 고 했고, 벼슬을 받지 않은 이유는 '늙고 병들었으므로 조정에서 처음부터 벼슬을 주지 않았다' 고 했다. 청에 수군을 파견하지 말라고 주장한 이유를 묻자 '내가 비록 수군을 보내지 말라고 하였으나 조정에서 듣지 않았다' 고 했다. 국내에서의 강경한 발언과는 방향이 사뭇 달랐던 것이다. 명과 연락한 책임을 지고 청에 구금되어 있던 최명길과 함께 청의 감옥에서 풀려날 때, 최명길은 청나라 사람에게 공손한 예를 다했으나 김상헌은 절을 하지 않았다는 일화가 전해진다. 하지만 그때 김상헌이 내세운 이유가 허리가 아프기 때문이었다는 것은, 어려운 처지에 놓인 국왕을 버리고 떠나갈 만큼 당당한 명분을 내세웠던 것에 비해 구차한 설명이라고 할 수 있다.

국가의 운명을 좌우할 만한 높은 자리에서 한결같이 소신을 밀고 나가면서 언행이 이지러진 경우를 찾기 어려운 인물로는 최명길이 단연 으뜸이었다고 판단된다.

공론에 맞서 신념을 지키다

최명길의 행적을 살펴보고 심사를 짐작해 보면, 그가 병자호란과 그 후의 국정 운영에 얼마나 큰 역량을 얼마나 성실하게 발휘했는지 알 수 있다. 하지만 당시 사람들이 그를 소인으로 지목했다는 실록 평자들의 비판에 대해 완전한 해명이 이루어졌다고 보기는 힘들다. 삼학사 압송에 초점을 맞추어 보자. 윤집과 오달제를 적진에 끌고 간 최명길의 행동은, 신하가 국가와 국왕에 무한 책임을 져야 한다는 그의 논리에 따를 때 하등의 모순이 없었음을 이해할 수 있다. 하지만 언론 활동의 내용을 죄목으로 삼아 그 언관을 적진에 넘긴 최명길의 행동에는 오늘날 판단하기에도 쉽게 용납하기 힘든 측면이 있다. 당시에는 국가의 기반이 사족이며, 그 사족의 존재 이유는 그들이 공론에 근거해 국가의 근본 기운을 유지하는 데 있다는 것이 일반적인 견해였다. 사족 관원을 그 언론 활동을 근거로 사지에 몰아 넣은 최명길의 행동은 당시 국가 운영의 기본 방향을 부정한 것이라고 할 수 있다.

척화의 당당한 명분과 논리가 조정과 민간을 압도하던 전란 전부터, 불필요한 대립을 피하자고 하면서 전혀 다른 길을 제시한 극소수의 인물들, 그중에서 최명길이 가장 적극적이었음은 우연한 일이 아니었다. 그는 자기 시대의 정치 질서에 강한 불만을 품고 그것과 다른 질서를 추구했다. 그 점은 전란 후 그가 정권을 잡은 후어 추진했던 개혁에서 잘 드러난다.

조선 정부의 6조에는 정5품에 정랑(正郞)과 정6품에 좌랑(佐郞)이라는 관직이 있어 이들을 낭관(郞官)이라고 했다. 인사권을 행사하는 이조와 병조를 전조(銓曹)라고 하고, 그곳의 낭관을 전랑(銓郞)이라고 했다. 이 중에서 특히 문제가 되는 것이 문반 관인의 인사 업무를 맡았던 이조의 낭관, 즉 이조 전랑(吏曹銓郞)이었다. 그들은 작은 고을의 수령보다 상위 품계였으니 높다면 높은 관원들이었지만 판서, 참판, 참의 등 이조의 당상관에는 비할 수 없는 하위에 있었다. 그런데도 당하관 청직(淸職)에 대한 천망(薦望)의 권한, 즉 그 자리에 누구를 앉힐지 국왕에게 추천하는 권한은 그들에게 있었다. 문반의 당하관이란 정3품 통훈대부 이하의 관원으로서 최고위 관직자들은 아니었으나 사헌부, 사간원 등의 관직으로 대표되는 청직에 임명된 이들은, 언론과 사초 작성 등을 담당하면서 공론을 바탕으로 정치적 논의를 이끄는 인물들이었다. 또한 그들의 관직은 장차 최고위층 엘리트 관원으로 성장해 가는 발판이라는 점에서 매우 중요한 의미가 있었다. 이와 같이 정치 논의의 핵심에 있는 인물들의 인사권을 이조의 낭관들이 담당했던 것이다. 한편, 고위 관직자 혹은 권력가가 이조 전랑을 자의적으로 임면한다면 그들이 지닌 천망권도 무력화될 수밖에 없었는데, 그것을 막기 위한 장치가 따로 있었다. 즉 이조 전랑은 관직에서 물러나더라도 자대제(自代制)라 하여 후임자를 자기가 추천했다. 고위 관직자의 간섭을 막고 젊은 관인층의 집단 의사를 반영하게 하는 장치였다. 공론을 인사에 반영하기 위해 이같이 이조 전랑이라는 관직에 많은 권한을 주었던 것이 16세기 이래의 사정이었다.

하지만 부작용이 없을 수 없었다. 인사 문제에서 단일화된 공론이란 존재할 수 없었으며 이조 낭관은 각 정치 세력의 이해가 가장 첨예하게 부딪히는 곳이 될 수밖에 없어 대립과 분란이 집중되었다. 최명길은 일찍부터 이조 낭관의 권한에 부정적이었다. 젊은 관인들 사이의 분란과 붕당 사이의 투쟁을 격화시킨다는 것이었다. 그리하여 인조 11~12년에 이조 판서로 있으면서 임금의 명령을 얻어 두세 명의 낭관을 스스로 천망한 적도 있었다. 전란 후(인조 15년)에 그는 정축봉사(丁丑封事)라고 불린, 전면적인 정치 개혁을 추진하는 상소를 올렸다. 그는 특히 이조와 병조 낭관이 가졌던 천망권을 폐지하자고 하여 국왕의 허락을 받았다. 당하관 핵심 관원에 대한 인사권은 이제 이조와 병조의 당상관들에게 돌아간 것이다.

최명길은 사헌부와 사간원, 즉 양사의 논의 절차도 개혁하려 했는데 그것도 그 시대의 일반적인 정치 질서와 방향을 달리했다. 당시 정치적 논의를 이끌어가는 양사에서 어떤 주장을 펼치기 위해서는 관서 구성원의 의견을 일치시키는 것이 원칙이었다. 그러한 원칙을 실현하기 위해 구체적으로 피혐(避嫌)이라는 장치가 마련되어 있었다. 사헌부나 사간원에서 어떤 사안을 논의할 때 다른 이들과 의견이 다른 관원은 피혐이라 하여 관직을 내놓고 물러가는 형식으로 자기 의견을 밝혔다. 그러면 그에 대한 결정을 국왕이 직접 하는 것이 아니라 삼사의 다른 관서에서 처치(處置)의 절차를 밟았다. 피혐한 관원의 논리와 절차에 하자가 없으므로 다시 직에 나오게 하라든가, 문제가 있으므로 그 관직에서 정말 물러가게 하라든가 하는 것이었다. 왕은 이 처치에 그대로 따르는 것이 일반적이었다.

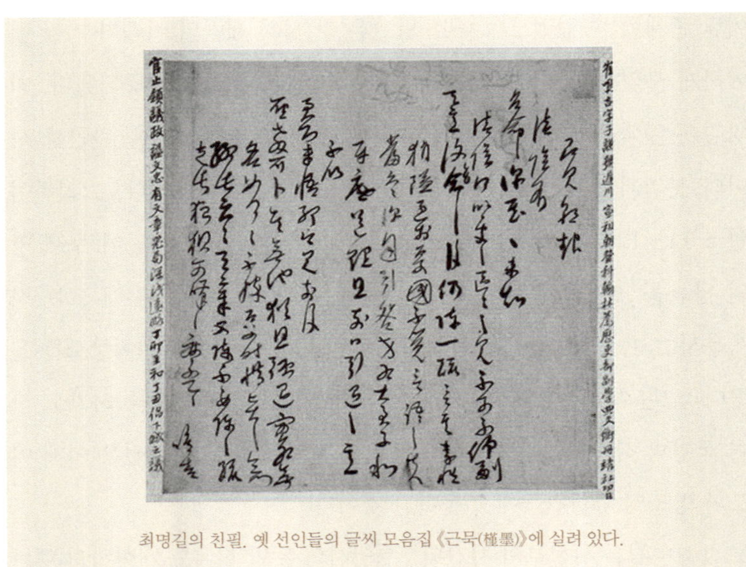

최명길의 친필. 옛 선인들의 글씨 모음집 《근묵(槿墨)》에 실려 있다.

이 제도는 소수로 하여금 다수의 힘에 밀리지 말고 적극적으로 자기 의견을 지키고 주장하게 하여 사족과 관원의 의견, 즉 공론을 적극적으로 반영하기 위한 제도였다. 하지만 사소한 일에도 통일된 의견을 내놓지 못하고 피혐을 초래하거나 한쪽의 피혐이 다른 쪽의 피혐을 불러오는 일이 많았다. 또 피혐 후 관직에 나오라는 처치를 받았는데도 두 번 세 번 거듭 피혐하는 경우가 많아 분란이 점점 커지곤 했다. 최명길이 보기에 이것은 대단히 비효율적인 제도였다. 그는 정축봉사에서 양사 관원들이 논의할 때 다수 의견을 따르는 것으로 운영 원칙을 바꾸도록 하여 임금의 허락을 받았다. 왕의 명령이 있거나 남에게 현저한 배척을 받았을 때는 피혐을 인정할 수밖에 없으나, 그때도 관직에 도로 나오라는 처치를 받은 후에는 거듭 피혐하는 것을 금지했다.

이같이 최명길의 개혁안이 일반 사족들의 관념과 다른 방향을 향했던 것은 일시적인 현상이거나 패전으로 말미암은 것이 아니었다. 이미 인조 13년에 사간원에서는 최명길의 정치적 행태를 두고 다음과 같이 공격했다.

신하가 임금에게 여쭈는 도리는 공적인 일이라면 공적으로 말하는 것이 옳고 군사 기밀에 관계되는 일이라면 대신에게 의논하여 함께 입대를 청하는 것이 옳습니다. 지난번 이조 판서 최명길이 혼자서 입대를 청한 것은 일의 체모에 어긋날 뿐만 아니라 앞으로 혼자 입대하여 비밀히 아뢰는 길이 이 일로 인해서 열리게 된다면 그 해독은 이루 말할 수 없을 것입니다.

—《인조실록》인조 13년 1월 갑인

또 남한산성에서 무조건 항복을 고려하기 시작할 때 최명길은 국왕과 함께 그 논의를 한 다음 "이런 이야기를 역사책에 쓰게 하면 안 되겠습니다" 하여 국왕의 허락을 받기도 했다. 공론이란 정치가 공개적으로 운영될 때만 의미가 있으며, 정치의 공개적 운영을 제도적으로 보장하는 방법은 빈틈없는 기록의 작성과 그 공개다. 그것은 17세기 정치의 대전제였는데, 최명길은 그것을 부정했던 것이다.

　　최명길의 정치 행위와 개혁 노력이 당대 사족의 일반적인 견해와
는 다른 방향을 향했던 것은 그 정치적 기반에서도 잘 드러난다. 그는
선조 대에 약관 20세의 나이로 과거에 급제하고 광해군 대에 이미 6품
직인 참상관에 진출해 동료 관원 누구에게 견줘도 손색없는 경력을
지녔다. 그는 인조반정에 적극적으로 참여해 1등 공신에 녹훈되었다.
문과 급제의 경력을 지닌 1등 공신, 38세라는 젊은 나이는 개혁에 대
한 강렬한 의지를 품게 했고, 그는 인조 대 초반부터 여러 방향으로 국
정 개혁안을 주장했다. 그는 또한 절친한 친구인 장유(張維)와 더불어
양명학의 소양을 지녔다고 전해지는데, 그것은 주자 성리학을 지배
이념으로 하던 당시의 사상 분위기와 상당한 거리가 있었다. 최명길
은 특히 반정 공신의 특권적 지위를 지녔다는 점에서 일반 사족들과
는 정치적 입지가 크게 달랐다. 인조반정은 광해군 대의 잘못된 정치
를 바로잡았다는 명분을 북인을 제외한 서인과 남인으로부터 인정받
았다. 하지만 거기에 참여한 공신들로서는, 한때 자기들이 모셨던 군
왕을 왕위에서 끌어내리고 공을 차지했다는 점에서 원천적인 약점을
지녔다. 거사가 성공하는 장면에서 2등 공신에 녹훈될 장유가 궁궐 한
편에 숨어 부끄러움에 눈물을 떨어뜨렸다든가, 조속(趙涑)이 반정에
참여하고도 공신으로 녹훈되는 것은 끝내 물리쳤다는 일화들은 그 점
을 잘 보여준다. 당시 공신이 되는 것은 유생으로서 할 일이 못 된다는
평가도 나왔다.

　　다만, 최명길이 다른 많은 공신처럼 그 특권에 매몰되었던 것은
아니다. 반정 참여자들이 국왕으로 추대할 능양군(후의 인조)을 미리 사

저로 찾아뵈었으나 최명길은 "다른 날 신하로 섬길 자리에 어찌 감히 사사로이 가 뵙겠는가?"라고 했다고 한다. 반정 후에도 최명길은 장유, 이해(李澥)와 함께 '당초에 털끝만큼도 부귀에 마음을 두지 않고 순전히 종묘사직을 위하는 마음으로 거사한 몇 사람' 안에 든다는 평을 받았다. 동료 공신들의 비리 행위를 견제하는 역할도 최명길의 몫이었다.

> 최명길이, 공신들이 제멋대로 적몰(籍沒, 역적의 재산을 국가에서 몰수하는 것)이라고 칭하며 남의 전답과 집을 빼앗는 것을 금지할 것을 요청하였다. 당시 공신들이 제멋대로 백성들의 전토를 점유하여 그 피해가 여러 고을에 널리 퍼졌다. 명길이 각 고을의 문서 보고에 의하여 그 폐단을 깊이 알았으므로 이 요청이 있었고, 국왕도 그의 말이 꽤 옳다고 여겼으나 공신들이 모두 불편해 하여 끝내 시행되지 않았다.
>
> ─《인조실록》인조 7년 1월 임술

조선 중기 이후의 사림들은 명종 대에 문정왕후를 등에 업고 멋대로 권세를 부린 윤원형과 같은 권간(權奸, 권력과 세력이 있는 간사한 신하)의 등장을 극도로 경계했다. 사실 최명길처럼 사족의 공론을 누르고 재상이나 대신급의 고위 관원으로서 권력을 충분히 행사하고자 하면 권간으로 타락할 가능성이 컸다. 하지만 최명길은 사욕에 물들지 않았기 때문에 권간으로 지목될 위험과는 처음부터 거리가 멀었다.

하지만 이처럼 개인적으로 극히 반듯했던 처신에도 불구하고, 최명길의 정치적 지향점은 일시에 강한 권력을 장악한 공신의 특권적 지위로부터 분리될 수 있는 것이 아니었다. 그의 정치적 입장은 다수 사족의 공론과 합치되기 어려웠고, 다수 사족의 공론과 거리를 둔 그가 후대로 이어지는 정계의 주류로서 확고한 정통성을 누리는 것은 힘든 일이었다. 그가 추진한 정치 개혁의 귀결점이 그 점을 상징적으로 보여 준다. 최명길의 정치 개혁안은 전체적으로 소장 관인인 낭관의 권한을 제한하고, 양사에서의 분란 확대를 막아 정치의 효율성을 높이려는 방향에 서 있었다. 그러한 개혁에 짝을 이루는 것은 정승이 이끄는 의정부를 강화해 국정의 주도권을 장악하려는 노력이었다.

하지만 그의 개혁안은 공론을 내세우는 사족 관인의 일반적인 견해와는 방향이 전혀 달랐다. 최명길의 부정적 평가에도 불구하고 이조의 하급 관원인 전랑이 당하관 청직에 대한 천망권을 가지는 것은 16세기 이래 사림파가 주도해 발전시켜 온 정치 질서의 성격을 잘 보여 주는 것이었다. 소장 관인은 독자적인 판단과 권한을 바탕으로 하기보다 다른 사람의 의견을 반영하여 인사권을 행사할 수밖에 없었으므로, 사족의 공론이 소장 관인을 통해 쉽게 정치에 작용하게 마련이었다. 동시에 그것은 고위 관원의 정치적 권한을 제한함으로써, 공론을 돌아보지 않는 권세가, 당시 사람들이 권간(權奸)이라 부르던 무단적인 권력가의 출현을 방지하는 데 효과적인 장치가 되었다. 또한 피혐제로 대표되는 양사의 논의 구조는 다수의 독주를 견제해 소수파에 적극적으로 시비를 가릴 길을 열어 주었고, 그 결과 의견이 일치되었을 때에는 더 큰 힘을 발휘할 수 있었다. 인원이 많고 적음이나 직위가 높고 낮음보다는 공론에 따라 끝까지 시비를 가리는 것이 훨씬 중요하다는 당시의 정치 이념이 반영된 제도였다.

최명길의 개혁안은 국왕의 허가를 받아 시행되었으나 직접적이고 강력한 반대, 그리고 은근한 불복종에 부딪혀 결국 무위로 돌아갔다. 다음은 이조 전랑의 권한을 폐지한 지 1년도 안 되었을 때의 상황이다.

> 임금이 이르기를, "세상에 쓸 만한 사람이 없는가?" 하니, (이조 판서) 남이공이 답하기를, "혹 적당한 사람이 없지는 않을 것입니다. 신의 직임이 비록 전조의 장관이라고는 하나 실제 권한이 없기 때문에 감히 마음대로 하지 못합니다" 하였다. 임금이 이르기를 "무엇 때문인가?" 하니, 이공이 아뢰기를 "낭관(郎官)이 천거하는 법이 행해진 지 오래여서 지금은 비록 혁파했다 해도 여습이 다 없어지지 않았기 때문에 여러 관원을 주의(注擬, 관원 임명을 국왕에게 천거하는 일)할 때는 반드시 낭관에게 가부를 묻는데, 낭관이 허락하지 않으면 신이 억지로 주의하지 못합니다. 이제 본조의 낭관을 차출하려 하는데 낭관이 저지할까 싶어 주저하며 발설하지 못하고 있습니다."
>
> —《인조실록》인조 16년 6월 기사

7~8년 후에도 전랑은 그 권한을 그대로 행사했다. 최고위 관원인 대신(大臣)들까지도 전랑권의 폐지를 잘못이라고 하는 상황이었으니, 그것이 폐지되는 것은 18세기에나 가능한 일이었다. 최명길의 건의에 따라 양사에 다수 의견을 따르도록 하고 거듭 피혐하는 것을 금지한 것 역시, 명령 직후부터 제대로 시행되지 않았다. 양사 관원들이

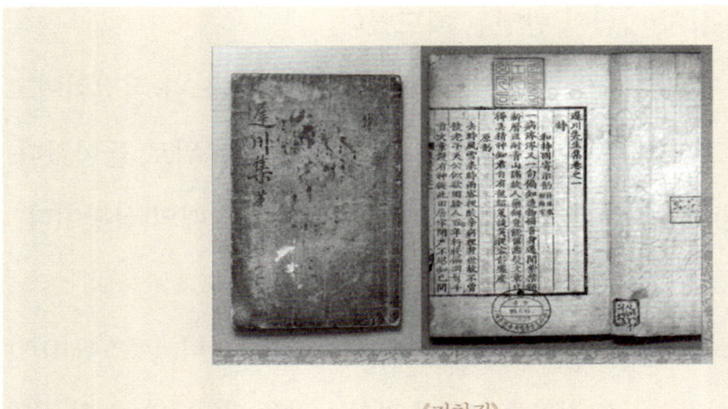

《지천집》
최명길의 글과 사장을 모아 만든 책으로, 그의 강직한 소신과 국제 정세를 읽는
해박한 지식을 엿볼 수 있다.

직접적으로 반대 의견을 펼쳤고, 실제 논의에서도 바뀐 원칙을 적용하지 않았던 것이다.

최명길의 개혁안이 끝내 실현되지 못한 것처럼 그의 이념을 이어받은 소론(少論) 등 후계 세력은 조선 후기 정치 세력의 주류가 될 수 없었다. 결국, 신하들의 공론이 국가 운영의 명분을 장악하는 정치 질서가 18세기까지 유지된 바와 같이, 정치 이념에서도 '척화론-반청론-북벌론-조선 중심의 소중화주의'로 이어지는 노론의 이념이 시대를 장악했던 것이다. 그의 손자 최석정(崔錫鼎)이 숙종 대에 여덟 번이나 영의정을 지냈고, 박세채(朴世采), 남구만(南九萬) 등이 최명길과 이경석의 이념을 계승해 소론을 이끌었으나 그들 역시 노론 세력을 누르고 조선 후기의 정계와 사상계를 장악할 수는 없었다.

하지만 최명길이 역사에서 그의 역할을 다할 수 있었던 것은 조선 중기 이후 공론 중심의 정치 질서에 휩쓸리지 않았기 때문에 가능한 일이었다. 전란 전에 척화의 압도적인 명분 속에서도 청에 대해 유화책을 펼치고 병자호란이 터진 다음에는 온갖 궂은일을 도맡으며 항복의 절차를 밟아 국가와 국왕을 보존하고 민중의 희생을 그 정도에서 막을 수 있었던 것은, 그가 당시 사족들의 '공론'에 매몰되지 않고 자기 입장을 지킬 수 있었기 때문이었다. 최명길은 재상과 대신으로서의 임무를 다했다는 점에서 행복한 관인이었다고 할 수 있다. 그가 공론에 맞서 신념을 실행했기에 국왕과 국가, 그리고 인민이 최악의 결과를 피할 수 있었다.

시대의 불행, 그와 '공론'의 공통 기반

병자호란을 전후한 최명길의 활약은 그 과정과 결과가 독보적이었다. 하지만 그렇다고 해서 최명길이 전란에 직면한 조선의 현실을 근본적으로 구원할 수 있었던 것으로 오해해서는 곤란하다. 일반적으로 생각하는 바와 같이 조선이 청과 대결을 벌이고 항복할 수밖에 없었던 상황이 단순히 국제 정세를 파악하지 못함으로써 빚어진 어리석은 국가 운영 때문이었던 것은 아니었다. 동시에 최명길마저도 병자호란에서 인민이 겪은 고통으로부터 완전히 자유로울 만큼 근본적인 방책을 제시했던 것은 결코 아니다.

이유가 어떠했든 전쟁을 막지 못해 힘없는 백성으로 하여금 큰 피해를 감당하게 한 데 대해서는 반성이 필요하다. 국왕과 남한산성에서 나와 항복의 예를 마친 후 도성으로 돌아갈 때 사람들의 눈에 들어온 광경이다.

청국 사람들이 상자·농·그릇들을 싣고 우리 백성을 몰고 도성으로부터 나오는 것이 길에 쭉 깔렸다. 청의 임금이 우리에게 빈 성만을 남겨 주라고 한 까닭에, 성 중에 진을 치고 머물던 자들이 각자 약탈한 것들을 끌어낸 것이었다. 잡혀가던 사람들이 길에서 우리 행차를 만나자 가슴을 두드리고 울부짖으며 앞으로 나아가지 않으려고 하니, 청나라 사람들이 노하여 채찍이나 몽둥이질을 하고, 혹은 우리의 행차를 후려치면서 말하기를 "너희들 때문에 이 무리들이 가기를 꺼려 한다" 하였다. 이때에 재신들 중에도 청군의 채찍을 맞은 자가 여러 사람이었다.

— 이긍익, 〈인조조 기사본말〉, 《연려실기술》

세자와 봉림대군이 출발하시니, 빈궁의 시비 여섯 명과 대군 부인의 시비 네 명이 따랐다. …… 적은 아침 해가 뜰 무렵부터 대로를 세 줄로 행군하기 시작했다. 우리나라 사람 수백 명이 앞서 가면 오랑캐 한둘이 뒤를 따라 가곤 했는데, 종일토록 끝이 나지 않았다. …… 이때 붓 파는 시장 노상에서 한 노파가 손바닥으로 땅을 치고 울면서 큰 소리로 말했다. "여러 해를 두고 강화를 수리하여 백성이 의지하게 했는데, 어찌하여 오늘날 이 지경에 이르게 됐느냐? 검찰 이하로 나라의 중한 책임을 맡은 사람들이 날마다 술 마시는 것으로 일을 삼아 마침내는 백성을 죄다 죽게 했으니, 이것이 누구의 탓이란 말이냐? 나의 네 자식과 남편이 다 적의 칼에 죽고 단지 이 몸만 남았다. 아, 하늘이여, 하늘이여, 어찌 이런 원통함이 있습니까?" 듣는 사람들이 모두 슬퍼했다.

—《병자록》 2월 8일

이런 상황을 초래한 책임은 당시 지배층에 있었다. 그리고 전란의 참상에 대한 반성은 절실한 일이다. 하지만 일찍부터 최명길의 주장을 따랐다면 위와 같은 불행을 모두 피할 수 있었을까? 결론부터 말하자면 그 결과는 매우 의심스럽다. 그 점을 따져보기 위해서는 전쟁의 원인과 경과를 냉정히 살펴볼 필요가 있다.

병자호란에 대한 통설은 "인조반정으로 숭명배청의 척화론(斥和論)을 고집하게 된 서인 정권이 자초한 전쟁"이라는 설명이다. 하지만 전쟁의 본질은 청이 기존 맹약을 일방적으로 깨고 조선을 향해 자기 나라의 신하가 되라고 강요하던 끝에, 일관되게 형제 관계를 유지하려 한 조선을 침략했다는 데 있다.

병자호란에 앞서 인조 5년(1527)에 후금이 침략해 들어와 벌어졌던 정묘호란에서 조선은 후금과 형제 관계를 맺는다는 조건으로 강화했다. 하지만 후금은 결국 1636년 4월 11일 국호를 '대청(大淸)'으로 바꾸고 그때까지의 칸(汗)은 황제로 즉위했다. 같은 해 12월 전란이 발발할 때까지 청이 조선에 요구한 핵심 사안은 자기들의 신하 나라가 되어 황제를 섬기라는 것이었다. 그것은 곧 명에 대한 배신을 요구하는 것이기도 했다. 이러한 청의 요구에 따라 조선은 전쟁을 각오할 것인가, 아니면 그대로 청나라의 신하국으로 복속할 것인가의 갈림길에 서게 되었다.

흔히 광해군 대의 중립 외교를 강조하면서 인조반정 이후로도 그 정책을 계승했더라면 전쟁을 피할 수 있었을 것이라고 설명하곤 한다. 그러나 그것은 역사적 상황에 들어맞지 않는다. 이때의 청은 성장하는 단계에 있었던 광해군 대의 후금이 아니라 황제국을 선포하고 중원의 패권을 향해 명과 정면으로 대결하는 존재가 되었다. 인조 대의 조선 정부가 설령 광해군 대의 외교 정책을 그대로 되풀이하고 싶어 했더라도 결국 대결이냐, 항복이냐의 갈림길에서 조선이 따로 택할 길은 찾기 힘들었다. 설령 광해군이 계속 왕위를 지니고 정책을 맡았다 하더라도 명과 청 사이에서 줄타기하는 외교를 더는 지속할 수 없는 상황이었다. 적절한 타결 위에서 전란을 피할 수 있었을 것이라고 평가하는 이도 있지만, 그것은 당시의 엄중한 상황을 제대로 살피지 않은 것이다.

청이 황제국을 선포한 다음, 조선이 그들 앞에 납작 엎드려 신하의 나라가 될 수 있었을까? 오늘날 많은 사람들은, 당시 조선이 명에 대한 사대 의식을 철폐했더라면 전란을 피했을 뿐만 아니라 경직된 세계관에서 벗어나 조선 후기 역사가 사뭇 다른 방향으로 전개되었을 것이라고 하면서 현재의 희망을 과거에 투영한다. 하지만 명에 대한 사대는 하나의 외교 관계로만 존재했던 것이 아니라 조선 내부의 사회 운영과도 밀접하게 결합해 있던 세계관의 문제였다. 오늘날 되돌아볼 때 바람직했는가에 관계없이, 명을 배반하고 사대의 대상을 청으로 옮기는 것은 당시 사람들에게 불가능한 일이었다. 그리고 조선이 청의 위력 앞에 그대로 엎드려 전쟁을 피했다 하더라도 남는 문제가 많다. 조선이 명과 청의 세력을 저울질하다 한번 싸워보지도 못하고 강한 나라에 붙었다는 사실은 사대주의 비판론자들에게 더 심각한 비판거리로 매도되었을 것이다. 그것이 가능했고 긍정적인 결과를 가져왔을까 하는 점은 당시인들의 세계관과 국제 정세 등을 전체적으로 고려해야지, 병자호란 전후 전란과 외교의 문제만으로 설명할 수 있는 것은 아니다.

나아가 청을 황제국으로 모시는 일은 주관적인 의지와 세계관에 딸린 문제만은 아니었다. 청이 조선을 굴복시킨 다음에 명을 치고 중원을 제패하게 되는 것은 오늘날 우리에게는 불을 보듯 명확한 사실이지만, 당시 조선의 정치인들에게도 그렇게 당연한 사실이었다고 볼 수는 없다. 흔히 '국제 정세에 어두운 서인 지배층'이라고 평가하지만, 청의 명에 대한 도전과 명의 패배를 병자호란 단계에서 정확히 예측할 만한 자료가 있었다고 보기는 어렵다. 그런 상태에서 청에 무릎을 꿇었다가, 만일 명이 청을 정벌하고 조선을 추궁하는 사태가 벌어졌다면 조선은 어떤 처지에 놓이게 되었을 것인지 상상하기 힘들다. 당대인들의 행동에 대한 평가는 당대인들의 지평과 시각을 고려해야만 한다.

결국, 청의 굴복 요구에 대한 조선 정부의 전체적인 입장은 단순

하고 일관되었다. 그것은 '청의 신하 노릇은 할 수 없다. 그러나 후금과의 형제 관계는 계속 유지한다' 는 것이었다. 청을 매우 거칠게 배척하는 주장이 일어나기도 했지만, 그것은 조선 정부 내에서의 논란이었으며, 청과의 외교 관계에 정식으로 적용된 적은 없다. 기존 맹약대로 형제 관계를 유지할 수 없을 때, 남는 것은 청의 신하 노릇을 할 수는 없다는 것이고, 결국 그것은 청의 침략 전쟁으로 연결되었다. 여기에는 조선의 조정과 재야가 당파에 따른 차이 없이 일치된 견해를 보였다.

이와 같은 조선 정부의 기본 입장에 최명길도 결코 예외가 아니었다. 그가 주화론을 주장해 척화론과 극단적인 대결을 벌인 것은 사실이다. 하지만 전쟁이 일어나기 전에는, 조선을 향해 신하국이 되라고 하던 청의 요구가 최명길이 보기에도 언급할 만한 대상이 아니었다. 병자호란 발발이 얼마 남지 않은 시점에서도 최명길의 주장은 정묘호란 강화의 조건처럼 서로 형제의 나라로 칭하면서 화친을 끊지 말아야 한다는 데 그쳤다. 전쟁의 위험이 커갈수록 후금을 자극하지 말자는 최명길의 주장도 도를 높여 갔지만, 그 내용은 황제 칭호를 결코 인정할 수 없고 칸(汗)이라는 호칭을 계속 유지하되, 청국이라는 국호를 그대로 써주는 것이 좋겠다고 건의하는 것이었다. 그 밖의 주장은 밀린 예물을 모두 보내고, 체포되었던 여진족을 상인들과 함께 보내어 교역을 트고, 문서를 부드럽게 하여 화친을 유지하자는 수준에 그쳤다.

인조 14년 전란 발발 약 3개월 전의 조정에서는 화친을 유지할 것인가, 끊을 것인가를 두고 논란이 다시 일었다. 최명길의 주장은 이때에도 명쾌했다.

신화라고 칭할 필요는 없고 다만 그들과 더불어 지난날처럼 형제의 나
라로 칭하고 서로 화친을 끊지 않는 것이 타당합니다.

　　　　　　　　　　　　　　　　　　　─《인조신록》 인조 14년 9월 을사

최명길 역시 전란이 일어나기 전까지는 청에 대한 신하국이 되기
를 거부했고, 이 점은 전체적으로 당시 사족의 일반적인 견해와 일치
하는 것이었다. 청과의 유화적인 관계를 지속하자는 그의 주장만으로
끝까지 청의 침략을 막아내기는 힘들었을 것이다. 최명길이 명을 황제
국으로 섬기던 입장은 그가 전쟁 후 큰 위험을 무릅쓰고 비밀리에 명
과 접촉을 유지한 데서도 확인된다. 병자호란에서 국가와 민생을 수습
한 그의 공로 때문에 그가 청과 안정적인 관계를 맺을 수 있는 방책을
제시했던 것처럼 오해하는 것은 옳지 않다.

최명길의 성실성과 희생적 활약에 힘입어 조선 국가와 민중은 최
악의 참사를 막을 수 있었다. 그것이 역사 속에서 최명길이 누린 행복
이고, 국가와 민중이 그 혜택을 입을 수 있었던 것이다. 그러한 행복은
그가 사족의 공론에 매몰되지 않고 자기 주관과 실천력 위에서 행동
했기에 가능했다. 그러나 동시대의 주류를 장악한 인물들과 생각이
달랐기 때문에, 그는 자기 논리를 전파하고 후계 세력을 키워 정권을
장악하고 후대의 정치를 주도하는 흐름을 빚어내는 데는 성공하지 못
했다.

반면에, 전쟁에 이르기까지 청에 대한 최명길의 판단과 정책이 당시 사족의 공론에서 근본적으로 벗어나 있었던 것은 아니다. 최명길과 사족의 공론은 조선이 명의 제후국이라는 점 등에서는 공통의 이념을 기반으로 한다. 그런 만큼 동아시아 국제 정치에 대한 새로운 논리와 질서를 세워 전란을 막아내는 일을 그 개인에게서 기대하기는 힘들었다. 전란을 수습했던 최명길의 일면만을 강조해 그가 살던 시기의 문제점을 모두 해결할 수 있는 인물이었던 것처럼 과장되게 그리는 것 역시 옳지 않다. 한 시대 문제를 모두 해결할 수 있는 개인은 없고, 최명길 역시 예외는 아니었다.

원종 _ 과연
주권을 포기한 왕이었을까?

안 팎 의 위 협 속 에 나 름 의 방 식 으 로
고 려 를 구 하 다

이강한 : : 한국학중앙연구원 인문학부 부교수

원종
1219~1274

원종 충경순효대왕 왕식은 1219년 3월 고종과 안혜태후 류씨의 장자로 출생해 1235년 1월 태자로 책봉됐다. 강화를 위해 1259년 4월 처음으로 몽골에 입조했다가 세조 쿠빌라이를 만났다. 고종이 사망하자 1260년 고려에 돌아와 왕위에 올랐다.

원종이 즉위한 후에도 무신들의 영향력은 여전했다. 당시 최씨 정권은 이미 무너졌지만, 김준은 10년 동안 집권하면서 원종과 공존했다. 그를 이어 집권한 임연은 원종이 몽골과의 강화를 추진한 것에 반대해 1269년 원종을 폐위하고 안경공 왕창을 옹립(임금으로 받들어 모시는 것)했으나, 원의 압박으로 원종을 복위시킨다. 10월에는 최탄 등이 서경에서 반란을 일으키고 원에 투항했으나 결과적으로 서경 이북 지역은 원의 영역으로 편입됐고, 몽골은 서경의 이름을 동녕부로 고쳤다. 임연과 최탄의 난을 계기로 고려에 진입한 원군의 주둔이 시작되면서 둔전(주둔군이 먹을 군량미를 확보하기 위해 운영하는 특수한 토지)이 설치되기 시작했고, 원의 일본 정벌에 고려의 인력과 물자가 고스란히 동원됐다.

이러한 상황에서 원종이 취할 수 있는 국정의 방향은 매우 제한적이었다. 원종은 제한된 상황에서 자신에게 주어진 정치적 자산을 증폭시켜 상황을 타개하고자 노력했다. 이는 원의 확실한 우방이 되는 길을 모색하는 형태로 나타났는데, 개경 환도를 통해 원을 설득함과 동시에 자신의 왕권도 회복하고, 청혼을 통해 여원 관계를 재설정하고자 했다.

1270년 원종이 개경 환도를 선언하자 삼별초 전체가 이에 불복해 배중손을 중심으로 난을 일으켰는데, 1273년 여원 연합군에 의해 평정됐다. 원종은 1270년대 초에는 개경 환도를 완결하고 원과의 통혼(서로 혼인 관계를 맺음)을 성사시킴으로써 이후 고려의 정체를 크게 규정할 부마국 체제의 서두를 열었다. 원종은 15년 동안 왕위에 있다가 1274년 6월 쉰여섯에 사망했다.

쿠빌라이와의 조우

원종 충경순효대왕은 1219년 3월 고종과 안혜태후(安惠太后) 류씨의 장자로 출생해 1235년 1월 태자로 책봉됐고, 마흔한 살인 1259년 4월 처음으로 몽골에 입조(入朝, 중국 조정을 방문하고 인사하며 예물을 바침)했다.

일찍이 몽골이 계속해서 고종에게 친히 몽골에 들어와 인사하라고 요구했으나, 관료들은 대신 태자(원종)를 보내라고 건의했다. 아들의 안전을 보장할 수 없다고 여긴 고종은 관료들의 건의에 처음에는 냉담한 반응을 보였으나, 관료들 대부분이 그 의견에 찬성하자 생각을 바꾸었다. 그런데 원나라의 요구가 중단되어, 원종이 원에 친조하는 문제는 다시 수면 아래로 가라앉았다.

이후 1256~1258년에 이르러, 몽골군이 철군 조건으로 태자의 황제(당시 몽골의 헌종, 몽케) 예방(예를 갖추는 의미로 인사차 방문하는 것)을 요구하자, 일단 고려는 원종이 몽골군에 나아가 영접할 것을 약속했다.

그런데 여러 상황이 맞물려 원종의 영접이 성사되지 않자, 몽골군은 더욱 압박을 가해왔다. 결국 입조 시기가 1259년 4월 말로 잡히고, 당시 태자 신분이던 원종이 40여 명의 관료와 함께 몽골 방문길에 오르게 된다. 그가 받들고 떠난 고종의 표문(表文)에는 '그간 권신들의 횡포로 고려가 몽골에 잘못한 것이 많았으나, 이제는 그들을 내몰고 잘못을 고쳤으니, 노병에 걸린 국왕과 힘든 입조길에 오른 태자(원종)를 불쌍히 여겨 부디 나라를 보전케 해달라' 라고 요청하는 내용이 들어 있다.

이후 고종이 죽자, 원종이 돌아와 왕위에 올랐다. 몽골에 있는 동안 아들 심(이후의 충렬왕)이 맡아 두었던 왕위를, 다음 해에 원종이 고려에 돌아와 넘겨받았던 것이다. 원종은 이후 15년 동안 왕위에 있다가 1274년 6월 쉰여섯에 사망했는데, 재위 기간 그가 보였던 통치에 대한 사신들의 평이 주목할 만하다.

권신(무신)이 권력을 휘두르고 불의를 자행하며 상국(몽골)에 굴복하지 않아, 몽골의 군사가 해마다 국경을 압박하여 안팎이 시끄러웠다. 왕(원종)이 부왕(고종)의 명을 받아 상국을 방문하여 충성의 의사를 밝힘으로써 권신의 발호를 꺾고 …… 능히 천명과 인심의 향배를 알아 일부러 먼 곳까지 나아가 세조(쿠빌라이)를 만나니, 세조가 그를 가상히 여겨 공주를 왕자에게 보내기에 이르렀다. …… 이로부터 대대로 장인과 사위의 관계를 맺어 동방의 백성으로 하여금 백년토록 평온한 즐거움을 누리게 하였으니 또한 가상하다.

―《고려사》

원종이 세자의 신분으로 원을 방문했을 당시의 행적에 대해서는 알려진 바가 그리 많지 않으나, 위의 기사에서도 간략히 기록된 바와 같이 유일하게 세조 쿠빌라이와의 조우에 대한 기록이 남아 있다. 원종은 우선 몽골의 수도 연경으로 갔으나, 원(몽골)의 헌종(몽케)은 당시 남송 정벌을 위해 출정해 있었다. 원종은 다시 연경에서 황제의 처소를 향해 남쪽으로 가다가 육반산(六盤山)에 이르러 헌종의 붕어(임금이 세상을 떠남) 소식을 듣게 되었다. 돌연 황제를 잃은 몽골의 제후와 장수들이 혼란에 빠져 있는 가운데 헌종의 동생이었던 세조 쿠빌라이가 강남에서 병사를 지휘하다가 양양에서 군사를 돌려 북상했는데, 마침 남하하던 원종과 량(梁)과 초(楚)의 인근 지역에서 만나게 되었던 것이다. 세조는 원종과의 만남을 대단히 기뻐했다고 하는데, 다음의 언급이 그를 잘 보여준다.

고려는 만 리 밖의 나라다. 당 태종이 친히 정벌해도 능히 항복시키지 못했는데, 이제 그 세자(원종)가 와서 귀복하니 이는 하늘의 뜻이다.

—《고려사》

특히 강회 지역 선무사(지방관의 일종)였던 조양필(趙良弼)과 섬서 지역의 선무사였던 염희헌(廉希憲)은 원종이 자발적으로 쿠빌라이를 예방한 것을 대단히 길한 징조라 강조하며, 그를 후하게 대접하자고 건의했다. 세조는 이를 받아들여, 태자를 좀 더 좋은 객관에 옮겨 머물게 하며 우대했다.

세조 쿠빌라이 초상.
태자 시절 몽골에 입조하러 갔던 원종은 세조
쿠빌라이와 조우한다.

이 사실에 대해 사신(史臣)들은 원종이 쿠빌라이를 예방하는 등 적극적인 외교 노력을 펼쳐 결국 통혼을 성사시켰다고 칭송을 한 것이었다. 그들은 또 통혼이 고려의 백성에 장기적인 평화를 가져다준 업적이었다고 평가했다.

다만, 삼별초(三別抄)의 내란과 원의 고려 물자 징발에 효과적으로 대응하지 못하고, 환락에 빠져 궁녀와 환관의 전횡을 방치했다는 것은 오점으로 지적했다. 다음의 언급이 그를 보여준다.

삼별초가 안에서 반란을 일으켜 여러 지역을 침략하고, 원에서 장수를 보내어 물건 구하기를 계속하니, 마땅히 밤낮으로 다스림을 도모할 때인데, 도리어 연회에 빠져 궁녀가 그 뜻을 더럽히고 환관이 그 출납을 마음대로 하니 애석하도다.

—《고려사》

앞의 평가가 호평이었다면, 이 평가는 악평인 셈이다. 원종 시대를 여러 측면에서 살펴봐야 할 필요성을 보여주는 대목이라 할 수 있다. 원종은 후세인들에게 그리 탁월하거나 훌륭했던 왕으로 평가받는 인물은 아니지만, 그의 정사에서 살펴봐야 할 점은 한두 가지가 아니다.

가장 먼저 '권신'의 문제가 그것이다. 위 사신의 평가에서는 원종이 상국(몽골)과의 관계를 재설정함으로써 권신들을 꺾을 수 있었던 것처럼 묘사했다. 당시 최씨 정권은 이미 붕괴했고, 김준(金俊)이 집권하는 무신 집권 말기에 접어들었다. 그러나 원과의 관계가 재설정된 다음에도 권신들이 완전히 제거된 것은 아니었다. 특히 김준은 10여 년 동안 집권하면서 원종과 공존했고, 그를 이어 집권한 임연(林衍)은 고려 정계에 더욱 큰 해악을 끼쳤다. 원종 정권의 성격을 살피기 위해서는 이 부분에 먼저 주목해야 한다.

다음으로, 원종과 세조 사이의 조우로부터 시작되었던 여원 양국 간 관계 재설정의 문제가 있다. 원종이 의도적으로 세조와의 접촉을 시도한 것인지, 아니면 그 조우가 전적으로 우연의 소산이었는지는 아직 불명확하며 사실 이것은 중요한 일이 아닐 수도 있다. 중요한 것은 원종과 만났던 세조가 즉위에 성공함으로써 그러한 만남이 결국 강화의 토양으로 작용하게 되었다는 것이다. 그리고 이 강화 문제는 고려의 개경 환도 및 양국 간의 청혼 교섭에 직결되는 것이기도 했다. 따라서 원종의 개경 환도 노력과 원 황제에게의 청혼 요구가 전개된 과정을 살필 필요가 있다.

또한 사신이 원종의 정사 중에서 아쉬운 대목으로 거론했던 삼별초 부분을 살펴봐야 한다. 고려 정부에서 삼별초는 오랜 세월 무신 정권의 친위대로 종사해 온 병사 집단이었지만, 일단 난을 일으킨 이후에는 진압해야 할 폭도에 불과했다. 오늘날 삼별초는 흔히 몽골과 연합한 고려 정부의 반대 항으로 민족적 자존심을 지키려 한 의병으로 묘사된다. 그러나 당대인들에게 삼별초는, 정부의 명령에 항거해 각지에서 양민을 포로로 잡아들이기 바쁜 적당에 불과했다. 《고려사》의 기사를 보면 삼별초는 정부로 올라오는 조운선을 침략해 내륙을 불안정하게 했다. 당시 삼별초의 행적을 곱씹어 보면, 그들이 당시의 상황에서 긍정적인 역할만을 수행한 것이 아니었음은 분명해진다. 결과론적인 애기이긴 하나, 삼별초의 저항은 원군의 진입을 늦추기보다는 오히려 내륙으로의 진입을 조장한 측면이 강하다. 또 삼별초가 지역을 옮겨 다니며 저항하는 과정에서 원거주지로부터 이탈시켜 데리고 다닌 인민들은 이후 삼별초를 토벌하던 원군에게 넘겨지게 된다. 삼별초의 공적이 있다면 삼남 지역에 원의 둔전(屯田) 설치를 지연시켰다는 점 정도가 있을 따름이다.

마지막으로 여느 왕에 비해 원종이 감수해야 했던, 이전에는 없었던 형태의 곤경에 대해 주목해 볼 필요가 있다. 위 기사에서 사신들은 몽골의 물자 징발만을 언급했지만, 그것은 몽골이 고려에 끼친 경제적 해악의 일부에 불과했다. 임연의 난으로 말미암은 일시적 폐위, 최탄(崔坦)의 난으로 말미암은 영토의 할양, 그 와중에 진행된 원군의 재진입 등은 고려 내 각 지역에 둔전이 설치되는 것으로 이어졌고, 원에서 심혈을 기울였던 일본 정벌에는 고려의 인력과 물자가 고스란히 동원되었다. 군량의 징발, 병력 동원, 선박 건조 등의 형태로 전개된 이러한 상황은 당시 고려 백성이 감내하기 어려운 고통이었지만, 그러한 백성을 다스려야 했던 원종으로서도 지금껏 겪어 본 적 없는 곤경이었다.

이러한 상황에서 과연 원종이 개혁을 진행할 수 있는 능력을 지닌 인물이었는지를 판단하려면 그가 개혁을 전개할 수 있는 최소한의 여건이 뒷받침되었는지를 함께 고려해야 한다. 그의 가혁이 비록 미약하긴 했으나 이후 국왕들과 동일 선상에 두기는 어려운 이유가 여기에 있다. 사신들이 원종 대를 평가할 때 거론한 몇 가지 측면을 토대로 그의 모습을 살펴보기로 하자.

아직 건재한 무신정권과 다시 들어온 몽골군

1265년 10월 미륵사와 공신당을 다시 영건하였다. …… 천도공신(강화로 천도하기로 한 결정과 관련해 정부가 임명한 공신들) 최이와 위사공신(사직의 보위에 공이 있다고 정부가 인정한 공신들) 김인준, 박희실, 이인항, 김승준, 박송비와 유경, 김대재, 김용재, 김석재, 치송우, 임연, 이공주 등의 초상을 벽에 그리게 했다.

1264년 8월 참지정사 김준을 교정별감(당시 무신들이 주로 점하던 관직의 이름)으로 삼아 나라 안에 벌어지는 비리를 살피고 규제하게 했다.

—《고려사》

위 인용문에서 볼 수 있듯이, 원종이 즉위한 후에도 무신들의 영향력은 여전했다. 1259~1260년 사이에 몽고와의 교전은 중단되었으나, 90여 년 동안 계속되던 무신의 집권 자체에는 별 영향을 끼치지 못했던 것이다.

김준은 최이(崔怡)의 첩과 간통한 죄로 유배되었던 인물이다. 그러나 몇 년 만에 돌아와 최항(崔沆)이 최이의 자리를 물려받는 데 기여했다. 이후 김준은 최항의 후계자 최의(崔竩)가 자기를 멀리하자 그에 앙심을 품었다가 1258년(고종 45) 유경(柳璥) 등과 함께 최의를 베었다. 그는 정권을 고종에게 돌려준 공로로 고종과 원종으로부터 공신 대접을 받았다. 그러나 김준 또한 어디까지나 무신이었던 바, 그의 영향력이 온전하다는 것은 결국 무신 집권의 지속을 의미하는 것이었다. 김준은 권력이 커지자 경제적인 비리도 자행하기 시작했다.

김준은 몽골과의 화의에 대단히 부정적인 입장이었다. 몽골의 명을 거절하고 그 사신까지 죽이려 한 적이 적지 않았다. 따라서 몽골과 원만한 외교 관계를 맺고자 했던 원종에게는 골칫거리가 아닐 수 없었다. 원종은 김준과 경쟁 관계에 있었던 임연을 시켜 그를 주살하려고 시도한다.

그러나 이는 임연이 또 다른 권력자로 등장하는 계기를 제공해 주었을 뿐이었다. 이후 임연이 사망하고 1270년 5월 그의 아들 임유무(林

惟茂)까지 주살되면서 드디어 무신정권은 끝이 나지만, 무신의 집권은 원종의 재위 기간 15년 중 11년이라는 긴 시간 동안 지속되었던 셈이다. 결국 원종의 국정을 무신 집권과 분리해 해석하기는 어렵다.

그런데 흥미로운 것은, 김준의 9년여 집권보다 임연의 1~2년에 불과한 집권이 원종의 치세는 물론 당시의 여원 관계에 더 현격한 변화를 가져왔다는 사실이다. 임연이 안경공(安慶公) 왕창(王淐)을 옹립(임금으로 받들어 모시는 것)하며 고려의 중앙 정계를 혼란 속으로 몰아넣자, 중앙의 통제에서 벗어나고자 하던 지방 세력들이 동요할 수밖에 없었다. 고려 정부에 가장 치명적인 영향을 미친 것은 서북 세력이었다. 서북 지역의 동요를 명분으로 원병이 다시금 고려 내로 진입하게 되었기 때문이다.

이 시기 원 병력의 고려 진입을 추동한 권신 임연의 안경공 왕창 옹립 사건은 1269년 6월에 일어났다. 안경공 왕창은 원종의 친동생으로, 고종이 화친 교섭을 위해 몽골병의 주둔지에 자주 파견했던 인물이었다. 고종은 그가 몽골에 체류한 1년여간 그의 무사귀환을 하늘에 빌고 불가에 기도할 정도로 그를 총애했다.

왕창은 1250년대 고려와 몽골 사이의 교섭에서 중요한 역할을 했는데, 특별히 정치적 야심을 지녔던 인물로는 보이지 않는다. 그런데 유독 원종의 정치적 권위와 권력이 약한 상황에서, 각종 정파로부터 추대의 대상이 되었다. 일찍이 고종이 사망한 직후 태자 신분의 원종이 아직 몽골에 있었을 때, 당시의 무신 집정자였던 김준이 옹립을 시도한 적이 있었다. 다만, 관료들은 장자가 왕위를 물려받는 것이 고금의 원칙이므로 그를 어길 수 없다며 반대했고, 그 탓에 김준의 시도는 무산되었다. 그런데 그런 김준을 주살한 임연 역시, 원종이 고려에 있었음에도 안경공 왕창을 추대해 정권 찬탈을 시도한 것은 아이러니라 할 만하다.

1269년 6월 임연은 반역을 꾀했고, 대사를 도모하고자 재추(宰樞)를 모아 원종의 폐위를 의논케 했다. 시중 이장용(李藏用)은 그를 막지 못할 거라고 판단해 원종이 안경공 왕창에게 손위하는 형태로 정권을 교체할 것을 건의했다. 이에 임연은 삼별초와 6번(番) 도방(都房)을 거느리고 안경공 왕창의 집에 가서 그를 옹립한 후, 원종은 별궁에 유폐했다. 그리고 다음 달 몽골에 글을 올려, 원종이 안경공 왕창에게 왕위를 물려주었다고 통지했다.

임연이 원종의 폐위를 도모하거나 굳이 왕창을 추대의 대상으로 삼은 이유가 무엇인지 현재 사료상으로는 분명히 남아 있지 않다. 다만, 현재의 연구자들은 원과의 강화를 추구하던 원종의 노력과 의도에 무신들이 동의하지 못했던 것을 가장 주요한 원인으로 꼽는다.

이러한 정변에 대한 원의 입장은 어땠을까? 원의 입장 형성에는 당시 원에 들어가 있었던 세자(이후의 충렬왕)의 역할이 중요하게 작용했다. 충렬왕은 1260년 8월 태자로 책봉된 이래 원종의 15년 재위 기간 내에 수차례 원을 방문했다. 다만, 1269년 당시 세자 충렬왕이 원을 방문한 이유는 명확하게 나타나 있지 않다.

1269년 7월(임연의 난이 발생한 직후) 정주(오늘날 의주)의 관노비 정오부라는 인물이 세자에게 일(임연이 원종을 폐위했다는 소식)을 고하자, 세자가 의구심을 품으므로 정오부가 "몽골 조정에 일을 고하러 들어오는 사자 곽여필이 지금 영주에 있으니, 사람을 보내 만나보소서" 하므로, 세자(충렬왕)가 몽골의 사신 7명을 시켜 곽여필을 영주에서 잡아 그 실정을 묻고는 통곡한 후 다시 몽골로 돌아갔다.

1269년 8월 세자는 대장군 정자여를 고려에 보내 글로써 고려 사람들에게 이르기를 "부왕을 복원시키라. 여의치 않거든 순안후 왕종을 세우라" 하였다.

—《고려사》

'여의치 않거든'이라는 단서를 붙인 것에서 당시 정계의 상황이 그만큼 불확실했음을 엿볼 수 있다. 이러한 고려 내의 정란에 대응해 원 세조는 1268년 9월 고려 세자에게 병사를 주어 돌아가게 했다.

> 1269년 11월 쿠빌라이가 고려에 보내 온 조서 :
> 왕은 안경공 왕창, 임연과 더불어 궁궐로 와서 실정을 진술하라. 그러면 짐이 그 시비를 듣고 스스로 처결하리라. 왕식(원종)이 잘 있다고는 하나 그 여부도 사실 알 수 없는 일이니, 원종 스스로 원으로 와야 짐이 가히 믿겠다. 이미 두련가 국왕(頭輦哥國王, 몽고의 지방 세력)을 보내 국경을 압박하게 했으니, 만일 기한 내에 오지 않으면 마땅히 죄를 묻고 병사를 보내 고려를 도륙할 것이다.
>
> —《고려사》

이러한 원의 위협과, 이후 발생한 최탄의 난 등으로 상황이 복잡해지면서 임연은 결국 왕창을 폐하고 다시 왕을 세울 것을 의논하게 된다. 최탄의 난에 대해 잠시 살펴보자.

원군의 투입은 최소한 초기에는 고려 왕실의 복원을 위해 시작된 것이었다. 원의 의도야 어떤 것이었든 정국에 다른 변수가 발생하지 않았으면 임연의 안경공 왕창 옹립 사건은 일회성 해프닝으로 끝났을 것이다. 그런데 10월 발생한 최탄의 난이 상황을 복잡하게 만들었다. 고려 서경의 50여 성(서경 54성, 서해도 6성)이 반란을 일으켜, 원에 내부(內附, 한 나라가 다른 나라 안으로 들어가 붙음)하는 사태가 발생한 것이다. 다음의 기사를 살펴보자.

> 1296년 10월 서북면 병마사 영기관 최탄, 한신 및 삼화현 사람 이연령, 정원 도호 낭장 계문비, 연주 사람 현효철 등이 임연을 처단하고자 용강, 함종, 삼화의 사람들을 불러 모아 함종 현령을 죽이고, 밤에는 초도에 들어가 분사어사 심원준과 감창 박수혁과 경별초 등을 죽이고 난을 일으켰다.
>
> —《고려사》

언뜻 보기에 최탄이 임연을 처단하고자 했다는 점에서, 그가 친왕정주의자였다고 여기기 쉽다. 그러나 아래 소개하는 기사에서 볼 수 있듯이 그의 의도는 전혀 다른 곳에 있었다. 최탄의 난과 관련해 가장 먼저 살펴야 할 것은 그를 계기로 고려 쪽으로 이동하게 된 병력의 규모다.

이 일이 있은 직후, 원은 왕준(王綧), 홍다구(洪茶丘)의 지휘 아래 있던 병사 3300명을 뽑아 동경으로 이동시키고 추밀원에 배속시켰다. 그런데 또 한편으로, 난을 일으킨 주동자 중 한 사람인 고려의 서경 도통사(고려 말기 각 도의 군대를 통솔하는 일을 맡아보던 무관 벼슬) 이연령(李延齡)이 병력 증원을 요청하자, 망가도(忙哥都) 휘하의 2000 병력을 증파하기도 했다.

게다가 최탄의 난이 발생하기 직전 임연의 난으로 세자(충렬왕)가 통솔하게 되었던 원의 병력까지 합쳐 생각해 보면, 1269년 정란을 계기로 고려에 새로 진입한 병력은 거의 1만 명 남짓이다. 그러한 규모의 병력이 거의 10여 년 만에 처음으로 고려 국경을 넘거나 고려 내로의 진입을 목전에 둔 상황이었다. 이는 고려 정부로서는 치명적인 상황이었다. 무엇보다도 10여 년간 소강상태로 유지되어 오던 고려-원 관계가 본질적으로 변화할 상황이었던 것이다.

원군의 고려 내 주둔은 이후 1278년 충렬왕의 교섭으로 둔전군 및 일본 정벌을 위해 체류하던 병력 등이 일제히 철수할 때까지 7여 년간 지속되었다. 원군의 주둔이 시작되면서 고려민들을 괴롭혔던 원의 둔전 설치가 드디어 1270년경 논의되기 시작한다.

두 번째로 살펴볼 것은 최탄의 난에 대한 고려의 대응이다. 당시 왕으로 즉위해 있던 왕창은 몽골에 사신을 보내 최탄의 모역을 보고했다. 다음 기사를 보자.

저희나라의 서북로 총관의 하위 관리 최탄 등이 모역하여 용강·함종·삼화의 어리석고 미혹한 백성과 더불어 당을 맺어 함종 현령을 함부로 죽이고, 또 이달 5일에 총관 본도에 난입하여 행대어사와 감창사 및 막하의 장사들을 죽이고 노략질함이 자못 많았으며, 용강현의 경계에 주둔하여 궤변을 떠들며 선언하기를 '상도(개경)에서 출병하여 북쪽 지역의 사람을 다 베려한다' 라며 혼란스럽게 하니, 여러 군현이 날로 더욱 작당질하여 나라를 배반하고 횡행합니다. 돌이켜 생각건대 장차 본국에 허물을 돌리기 위해 무슨 악담으로 원 조정에 참소를 할지 알 수가 없습니다. 차례로 가 뵙는 저희 사신들이 말씀드리는 바를 살펴봐 주시기 바랍니다.

—《고려사》

여기서 최탄이 고려 정부에서 서북 세력을 죽이고, 몽골의 관인을 죽이며, 몽골과의 일대 격전을 위해 다시금 바닷속 섬으로 들어가려 한다는 것을 자신들의 거사 명분으로 삼았음을 엿볼 수 있다. 즉 그는 친왕정주의자도, 고려 왕실을 지키려는 자도 아니었던 것이다.

아울러 이 글에 담긴 절박함을 볼 때, 고려의 서북 지역 상황에 대한 정부의 경계가 북변의 단순한 불안정을 걱정하는 수준이 아니라는 것을 알 수 있다. 고려 정부는 서북 지역의 실제적 이탈을 우려했다. 그러한 우려는 결코 기우가 아니었다. 다음의 기사를 살펴보자.

1296년 11월 최탄이 서경 유수와 용주·영주·철주·선주·자주의 5주 수령을 죽이니, 서북 여러 성의 관리가 다 적에게 함락되었다. 최탄이 몽고 사신 탈타아에게 거짓으로 말하기를 "고려가 땅을 휩쓸어 장차 깊이 바다로 들어가려 하므로 여러 성의 수령을 죽이고 상국에 들어가 고하고자 합니다" 하고, 의주부사 김효거 등 22인을 잡아 몽고에 항복하였다.

—《고려사》

최탄의 난으로 말미암아 한반도의 서북변이 통째로 원의 관할 하에 들어가 버리고 만 것이다. 이러한 최탄에게 원은 최초의 입장을 바꾸어 대단히 관대한 모습을 보이기 시작했다. 1269년 말 조서 한 통이 고려에 왔는데, 그 조서를 들고 온 사람이 정주 별장 강원우 등이었음을 볼 때 원의 입장을 확연히 알 수 있다. 정주 지역은 최탄과 입장을 함께하며, 원에 항복한 지역이었다. 원에서 몽골인 사신을 보내지 않고 굳이 서북 지역의 전 관원을 보낸 것에서, 몽골 측이 결코 고려 정부가 좋아하지 않을 소식을 전하는 상황이었음을 알 수 있다. 게다가 조서 자체가 고려국 구주 도령(龜州都領) 최탄과 서경 54성, 서해 6성의 군민 등에 대한 '유(諭, 백성을 타일러 가르침)'의 형태를 띤다.

> 고려국 구주 도령 최탄 등과 서경 54성, 서해도 6성의 군사와 백성에게 유(諭)하노라. 근자에 최탄이 아뢰기를 '고려의 역신 임연이 사람을 보내 여러 백성과 그 처자를 꾀고 협박하여 모두 동쪽으로 가게 했다(강화도로의 피신을 지칭하는 듯)'라고 하고, 또 이르기를 '만일 명령에 따르지 않으면 마땅히 해를 가할 것'이라 하는데도, 너희들은 그가 왕명에 순종하는 자인지 거역하는 자인지를 살펴 협박에 굴하지 않고, 역당을 주살하여 두 마음이 없음을 밝혔으니 그 뜻이 가상하도다. 이제 최탄에게 이미 칙명을 내려 주었고, 그 나머지 관리와 백성은 행중서성(정동행성)에 별도로 칙을 내려 거듭 어루만지게 하였으니, 오직 너희 관료와 백성들은 짐(세조)의 마음을 따라 더욱 충절을 다하라.
>
> ―《고려사》

이는 고려의 입장과는 정면으로 상치되는 것이었다. 마침 복위한 원종은 박항(朴恒) 등을 보내 다음과 같은 내용을 원 조정에 전달했다.

근자에 우리나라 변방의 백성이 서도(평양)에 모여 수령들을 많이 죽이고, 그 죄에 대한 벌을 피하기 위해 허황된 말로 상조를 모독함에 이르렀으니, 그 사정은 차례로 보낸 사신의 말을 살피고 취하여 진실을 분별해 주시고, 또 자세히 황제께 주달하여 길이 저희나라로 하여금 백성을 잃지 않고 만세토록 직을 받들 수 있게 해주기 바랍니다.

―《고려사》 권26, 1269년 12월

이후 원종은 원에 입조하는 길에, 서북변 대부분 지역이 최탄 쪽에 붙었음을 직접 보게 된다. 탄령에 이르자 최탄 등이 나와 술을 바치기까지 했으나 원종은 그것을 물리쳤다. 1270년 2월 급기야 원은 최탄, 이연령, 현효철, 한신 등에게 금은패를 하사하고, 조서를 내려 서경의 50여 성을 내부하게 했으며, 서경의 이름을 동녕부(東寧府)라 고치고 자비령을 그 경계로 삼았다. 최탄이 투항하면서 원에 넘어간 서경 이북 지역은 결국 고려에서 분리되어 원 강역 내로 편입된 것이다.

원종은 이후에도 서경을 돌려 달라고 요청했지만, 원은 시종일관 거부했다. 원으로서는 한반도의 서해도 이북 지역을 점거함으로써 고려와의 사이에 완충 지대로 삼는 동시에, 더욱 쉽게 고려를 압박할 수 있었을 것이다.

그런 원에 대응하며 고려는 이후에도 동녕부 설치의 부당성을 계속 역설했는데, 예컨대 다음과 같은 식의 공박이었다. 먼저 서경 세력이 서경 이외 지역민들까지 유인해 잡아가고 포섭하는 현실을 지적했다.

어리석은 백성으로서 국가를 위한 부역을 회피한 자와 죄를 범하고 도망간 자 및 공·사 노비로서 천한 신분을 면해 보고자 하는 자들이 서로 서경에 몰려가 그곳에 유둔하던 몽골의 병력 및 서경 세력에 의탁하여 마음대로 횡포를 일삼고 평민을 유인하기까지 하여 날로 더욱 번성하니, 이를 금하지 않으면 고려에 남아 직공을 닦을 자가 몇이나 되겠습니까? 엎드려 바라건대 성스러운 사랑을 베푸시어 일체 다 찾아내어 돌려보내소서.

—《고려사》 권26, 1270년 윤11월

1274년에는 일본 정벌을 위한 사공과 뱃사람들의 동원에, 동녕부 쪽 사람들도 동원할 것을 건의하는 방식으로 동녕부를 압박했다.

제주, 동녕부, 북계의 여러 성 사람 및 서해도에서 역을 피하여 동녕부로 도망가 있는 자가 다 능히 물에 익고, 또 배를 다루는 데 능하니 모두 돌려보내 보충하도록 하소서.

—《고려사》 권27, 1274년 4월

이후 동녕부는 1290년대 초에나 반환되는데, 고려의 요청에 대한 승낙이었다기보다 당시 요동 지역에서 난을 일으킨 나얀(乃顔), 카다안(合丹) 등을 진압하는 와중에 동녕부의 이용 가치가 떨어져 고려에 반납했던 측면이 강했다.

원종이 복위한 후 1270년 2월 임연이 사망하고, 그의 아들 임유무까지 주살되면서 무신 집권은 완전히 종식되었다. 그러나 그 종식은 결코 평화롭게 이뤄지지 않았으며, 위에서 살펴본 바와 같은 엄청난 규모의 파장을 몰고 오며 종식되었다. 그리고 그러한 파장을 원종은 온몸으로 겪을 수밖에 없었다. 영토 일부분을 잃고, 원군이 고려에 재주둔하게 되었으며, 몽골병에 의한 고려 내 둔전의 경영이 시작되었다는 점에서 이러한 여원 관계의 변화는 경제적 피해까지도 수반하고 있었다.

이러한 상황에서 원종이 취할 수 있는 해결책, 그가 취할 수 있었던 국정의 방향은 매우 제한돼 있었다. 원종은 제한된 상황에서 자신에게 주어진 정치적 자산을 증폭해 상황을 타개해 나가고자 노력했다. 그것은 곧 고려 정부와 강화도 사이의 관계를 단절함으로써 자신의 '항복'의 진실성을 원이 확인하게 하고, 원의 확실한 우방이 되는 방도를 모색하는 형태로 나타났다. 정치적으로는 개경 환도를 통해 원을 설득시킴과 동시에 자신의 왕권도 회복하고, 청혼을 통해 여원 관계를 재설정하고자 했다.

불가능할 것 같았던 일들, 개경 환도 그리고 원과의 통혼

13세기 전반 몽골의 고려 침공은 1230년대 이래 약 30여 년에 걸쳐 파상적으로 전개되었다. 몽골 병력의 고려 진입은 주지하는 바와 같이 1231년 시작되었고, 향후 30여 년 동안 몽골병들은 1231~1232년, 1235~1239년, 1240년, 1247~1248년, 그리고 1253~1259년 등의 시기에 파상적으로 고려를 침공해 오곤 했다. 그러다가 1259년 12월 개경에서 벌어진 전투를 끝으로 교전은 어느 정도 종식된 것으로 여겨진다.

몽골과의 교전이 종식되고 강화가 이루어지던 즈음에 즉위한 원종은 약 10여 년간 현상을 유지할 수 있었다. 그러나 앞에서 살펴본 것처럼 그는 1270년대 초 임연의 난 및 최탄의 투몽 등 갖가지 정치적 악재에 직면했다.

이런 상황에서 원종이 내린 선택 중 하나가 바로 이미 1260년대 초 이래 진행되어 오던 개경 환도 작업이었다. 원의 요구도 요구였지만 원종은 개경과 강화를 오가는 애매한 상태를 하루빨리 극복하는 것이 고려 정부 운신의 폭을 넓히는 데 도움이 될 것으로 생각했던 듯하다. 또한 강화도로 천도한 것이 최이 등 무신들의 종용 아래 이루어진 것이었던 만큼, 개경으로의 복귀는 왕권의 위상을 새로이 하는 데에도 필수 불가결한 일이었다고 할 수 있다.

원의 개경 환도 종용은 1259년 8월 이미 시작되었다. 그러나 여러 가지 어려움으로 일의 진척이 늦어졌다. 우선 고려 정부와 사이가 안 좋았던 홍씨 일가의 공세가 시작되었다. 같은 해 11월 홍복원(洪福源)이 원 황제에게 아들을 보내 '고려가 강화에서 나와 항복한다고 하는데 진정이 아닙니다'라며 음해했던 것이다. 당시 연경에서 이러한 음해를 지켜보던 고려의 사신은 바로 이의를 제기했고, 원 조정은 홍복원의 아들을 잠시 수감하는 동시에 고려 조정의 출륙 상황을 살피기 위해 사신을 고려에 파견했다. 그 소식을 들은 원종은 바로 군사를 내어 개성에 궁궐을 창건케 했다. 그런데 전혀 예상치 못했던 상황이 발생했다. 며칠 뒤 서해도(지금의 황해도) 출배별감(개경 환도 작업을 지휘하기 위해 임시로 설치된 관청의 관원)이 보고해 온 내용을 잠시 살펴보자.

> 육지에 나간 군사들이 모두 몽고병에게 사로잡혔습니다. 청컨대 육지로 나가는 것(개경에 환도하는 것)을 정지하소서.
>
> —《고려사》

몽골의 종용으로 개경 환도를 서두르는 상황에서 그 작업을 위해 개경에 파견된 군사들이 몽골군에게 사로잡혔던 것이다. 이러한 상황은 고려로서는 매우 당혹스러운 것이었다. 이는 원 정부의 직접적인 지시로 이루어진 것이라기보다 개경에 주둔하던 몽골 장수들의 자의적인 조치 결과였을 수 있다. 그러나 고려로서는 이도 저도 할 수 없게 만드는 상황이었음이 분명하다. 이러한 어려움이 계속되면서 환도 작업은 정치와 재개를 거듭했다.

1260년 2월 원종은 관료, 백성, 그리고 승려 등 종교인들로 하여금 저택과 시설을 옛 수도에 세우게 했다. 3월에는 환도 작업에 박차를 가하기 위해 고위 관료들을 출배별감으로 삼고, 관에서 쌀 6420곡(斛, 곡식을 세는 단위로 1곡은 약 180리터)을 내어 여러 왕실 인사와 관료들에게 1곡씩 나눠 줌으로써 저택, 시설의 건축 비용을 보조했다. 그런데도 원 사신들이 만족하지 못하자, 원종은 문무 양반과 여러 영부(寧府)의 군사를 나누어 3교대로 개경에 왕래하게 하여, 자신은 어떤 일이 있어도 개경으로 돌아갈 것이라는 의지를 표명했다.

그러나 개경으로의 환도는 이후 몇 년간 지연되었다. 환도가 느려지면서 원은 다른 방식으로 고려를 압박하기 시작했다. 이른바 '6사(事)의 이행'을 촉구하고 나선 것이다. 물론 이러한 6사 요구가 고려의 개경 환도가 늦어지고 있는 데 대한 보복성 조치는 아니었다. 몽골은 전통적으로 자신들이 정복한 지역에서는 모두 이를 요구했다. 그리고 1262년 12월 고려에도 이 6사의 이행을 거듭 촉구하며 고려를 압박했다.

무릇 멀든 가깝든 새로 우리에게 복속된 나라들에 대해서는 우리의(몽골) 조상들께서 이미 정하신 규칙이 있다. 새로 복속된 나라들은 몽골에 반드시 볼모를 바치고, 백성을 호적에 올리며(籍民), 문서 발송 및 물자 수송을 위한 역로를 설치하고, 군사를 내며, 양곡을 바치고, 군량을 보태야 한다. 그런데 고려는 일찍이 볼모를 바친 것을 제외하고는 그 나머지는 모두 실행하지 않았으니 스스로 조치가 있어야 할 것이다.

―《고려사》

이러한 조치들은 당연히 고려에 부담스러운 것이었다. 고려는 시간을 끌며 요구 사항의 이행을 늦추었다. 그러나 원이 고려의 지연을 가만히 놔둘 리 없었다. 1263년 3월에는 고려의 지연을 질타하는 의미

원나라의 6사(事)

몽골 제국은 칭기즈칸 이래 다른 민족을 정복한 후 복속의 의미로 육사(六事), 즉 여섯 가지의 의무를 요구했다. 6사는 다음과 같다.

1. 납질(納質) – 왕족 또는 지배층 자제를 원나라에 볼모(인질)로 보낼 것
2. 조군(助軍) – 군대를 동원하여 몽골의 전쟁을 도울 것. 즉 몽골이 벌이는 전쟁에 원군(援軍)을 보낼 것
3. 수량(輸糧) – 식량을 운송하거나 지원할 것
4. 설역(設驛) – 역참(驛站)을 설치할 것
5. 공호수적(供戶數籍) – 호구(인구) 조사를 해서 보고할 것
6. 설달로화적(設達魯花赤) – 몽골어로 장관을 의미하는 다루가치(Darughachi), 즉 지방 감독관을 현지에 설치하는 것

이에 고려는 강화 조건으로 1) 고려의 풍속을 바꾸려 하지 말 것, 2) 개경 환도를 재촉하지 말 것, 3) 몽골군을 철수시킬 것, 4) 다루가치를 고려에 두지 말 것 등을 요구했다.

로, 고려의 표문(외교 문서의 일종)에 답신하는 조서를 생략하기도 했다.

이후 4~5년 동안 고려는 원의 요구를 수용은 하되, 실행은 늦추는 형식으로 시간을 끌었다. 그러나 원의 인내심도 바닥을 드러냈다. 1268년 2월, 황제는 안경공 왕창을 통해 보내온 칙문에서 다음과 같이 고려 왕과 고려 정부를 질책했다.

너희가 진심으로 항복한 것이라면, 마땅히 군사를 내어 싸움을 돕고 식량을 실어 올 것이며, 다루가치에게 청하여 민호의 수를 파악해(보고해)

야 할 것이거늘 어찌 그렇게 하지 않는가?

―《고려사》

역로와 관련한 언급이 여기에 포함돼 있지 않은 것은, 6사 중 그나마 역제의 정비는 어느 정도 이루어졌음을 고려와 몽골 양측이 모두 인정했기 때문이었다.

그러나 다른 사항들의 미이행에 대한 원의 질책은 대단히 강력한 것이었고, 고려를 압박하는 것이 아닐 수 없었다. 이에 원종은 3월 개경에 출배도감을 다시 설치하고, 4월 개경 환도의 진행 경과와 6사 이행의 어려움을 함께 보고하며 원에 선처를 구했다. 개경 환도와 관련해서는, '이미 옛날의 읍(古邑: 개경)에 거처할 곳을 다시 만들었습니다'라고 해명했다. 그리고 6사에 대해서는 다음과 같이 해명했다. 6사의 이행과 관련해 고려 왕이 공식적으로 사안별 해명을 제시한 것은 이번이 처음이었다.

군사를 내어 도우라는 명령에 대해서는 백성을 가혹하게 다루면서까지 민간의 병력을 수색하여 준비했습니다. 배를 거두는 것과 양곡을 수송하는 것은 힘이 닿는 대로 준비하여 보낼 것입니다. 다루가치에게 청하여 고려의 호수를 조사하여 원에 제공하는 일은 마침 개경 환도가 시작되고 건물 건축에 여유가 없으니, 끝난 다음에 보고하도록 하겠습니다.

―《고려사》

이후에는 6사의 이행과 관련한 원의 구체적인 질책이 더 이상 발견되지 않는다. 그런데 위의 기사에서 선박 문제의 언급이 주목된다. 선박의 문제는 애당초 6사의 이행에 포함돼 있지 않던 사안이다. 몽골의 전통적 6사 요구가 당시 일본을 정벌하려던 원의 사정에 맞추어 조정된 결과라 할 수 있다. 결국 6사의 이행을 둘러싼 양국 간의 공방은, 이후 고려가 원의 일본 정벌 준비에 동원되면서 선박과 병력, 군량을 제공하는 것으로 귀결되었다. 그 과정은 차후에 설명하기로 한다.

개경 환도 또한 결국 임연의 난 및 최탄의 투항 등 여러 정변이 발생한 이후인 1270년 5월 단행된다. 원종은 원에 들어가 있는 상황에서 수행관료 중 일부를 귀국시켜 고려민들에게 고했다.

황제가 내게 말씀하시기를, '경이 돌아가 백성을 일깨워 고두 옛 수도로 돌아가 안착하기를 이전과 같이 하면 우리 병사들을 철수시키겠다. 그러나 명령을 거역하면 모두를 처벌할 것'이라 하셨다. 지금의 환도는 이전과는 다르다. 문무 양반부터 일반 백성에 이르기까지 모두 처자식을 데리고 돌아가야 한다. 신흥창의 쌀 1만 석을 내어 군량과 운송 비용을 보조할 것이다. …… 사직의 안위가 이 일에 달려 있으니 마땅히 각기 마음을 다하라.

―《고려사》

개경 환도에 대해 일반 백성의 반응이 어떠했는지는 사료상 구체적으로 확인되지 않는다. 백성의 처지에서는 개경으로의 환도를 위해 전개된 각종 노역이 부담스러웠을 수 있다. 또 왕이 처자식을 대동한 환도를 강조한 것에서, 당시 관리들이 개경으로의 환도 후 자신과 자신의 가족에 끼쳐질 해악을 염려했다는 것을 엿볼 수 있다. 그러나 강화 내에서의 생활 또한 그리 안정적이거나 편한 것은 아니었을 것이다. 그리고 환도하지 않으면 원의 압박이 계속되리라는 것 또한 불 보듯 뻔했다. 따라서 여러모로 볼 때 고려의 관민은 환도에 대해 긍정적이었을 가능성이 크다. 이때의 조치를 계기로 개경 환도가 완료된 것에서도 그것을 엿볼 수 있다.

개경 환도는 상당히 상징적인 조치였다. 여원 간에 별도의 강화 협상이나 조약이 없었음을 고려할 때, 교전의 중지는 선언적인 공감대의 형성에 불과했다. 그보다는 환도가 사실상의 여몽 교전 중지를 뜻하는 것으로, 의미가 적지 않은 사건이었다고 할 수 있다.

이렇듯 1260년대에 양국 간에는 개경 환도 문제 및 6사의 이행을 둘러싸고 일정한 긴장이 지속되긴 했으나, 직접적인 군사력의 개입 없이 교섭의 형태로 그것이 전개되고 해결된 시기였다고 할 수 있다.

그런데 당시 무신 집정의 마지막 수장이었던, 임연의 아들 임유무는 이에 불복하고 수로방호사(水路防護使)와 산성별감(山城別監, 고려시대 산성을 방어하기 위해 파견한 임시 관원)들을 나누어 파견해 인민을 모아 명령에 항거했으며, 무엇보다도 삼별초 전체가 난을 일으키게 된다. 그에 대해서는 조금 뒤에 살펴보도록 한다.

한편 이러한 개경 환도를 통해 원과의 긴장 관계를 청산한 원종은 새로운 시도를 한다. 원 세조와의 통혼이 그것이었다. 그와 관련해

1269년의 상황이 주목된다. 원종이 흑적(黑的) 등 몽골의 사신을 맞아 향연을 베풀 당시 벌어진 일이다.

> 원종이 흑적 등 원 사신들을 향연할 때 그들을 윗자리에 앉게 하니, 그들은 사양하면서 말하기를 '이제 왕태자가 이미 황제의 딸에게 장가들 것이 허락되었으니, 우리는 황제의 신하고 왕(원종)은 황제의 부마대왕(사위)의 부친이므로 우리가 어찌 감히 예를 범하겠습니까?'라면서, 원종이 서향하면 사신들은 북면하고 왕이 남면하면 사신들은 동면하겠다고 하였다. 왕은 '천자의 사신이 어찌 가히 아랫자리에 앉으리오'라면서, 동서로 서로 대좌하였다(정면으로 마주 앉는 것을 피하고, 고려 국왕의 위상을 인정해주는 행동이었다고 할 수 있다).
>
> —《고려사》

그런데 원종이 원 황제에게 보낸 정식 청혼 사신은 1270년 2월 확인된다.

> 신(원종)으로 하여금 번(藩)의 직함을 이어 맡게 하시고 …… 권신 임연이 함부로 저를 폐립하였을 때 …… 여러 번 사신을 보내 조서로 그 이유를 힐문하시고 직접 들어오라고 부르시니 그로써 복위했습니다. …… 대개 저희나라가 대국에 청혼하는 것은 길이 화호의 인연을 삼으려는 것이지만 과한 요청일까 두려워 오랫동안 말씀드리지 못했습니다. 이제 이미 바라는 것을 모두 들어주셨고 세자가 마침 와서 황제를 뵈었으니,

엎드려 바라건대 공주를 세자에게 내려주시는 것을 허락하시면, ……
저희나라는 만세토록 길이 의존하여 직을 삼가 받들겠습니다.

—《고려사》

원종은 우선 원 황제가 그간 자신을 전폭적으로 지원해 왔음에 사의를 표한 후, 작은 나라가 화호(和好)를 위해 큰 나라에 청혼하고 싶었음에도 주저하다가 이제야 요청한다는 맥락의 글을 올렸다. 그런데 1269년의 기사를 고려할 때, 배후에서 협상은 계속되었던 셈이다. 이 협상이 어떻게 전개되었는지는 현재 자료가 거의 없어 확인할 수 없다. 그러나 다소 갑작스러워 보이는 원종의 1270년 청혼 요청이 결코 충동적으로 제기된 것이 아니었음은 확실히 알 수 있다.

이러한 원종의 통혼 요청에 대해, 세조의 대응이 주목된다.

달단법(達旦法, 몽골법)에 통매(通媒, 혼인)는 종족 간에 합치는 것으로서 진실로 친분을 나누는 것이니 어찌 허락하지 않겠는가? 그러나 이제 다른 일로 와서는 혼인을 청하는 것이 너무 서두르는 일인 것 같으니, 돌아가 백성을 보살피다가 다시 사신을 보내와 청하면 그 후 허락할 것이다. 짐의 친식(親息, 친자식)은 이미 다 타인에게 출가하였으나, 내 형제들과 의논하여 허락할 것이다.

—《고려사》

원종의 혼인 요청이 지닌 취지에 대해서는 적극적으로 동의하되,

원종의 요청이 좀 갑작스럽다는 이유로 잠시 논의를 늦추어 달라고 했다. 무엇보다도 아직 자신의 딸이 남아 있었는데도, 자신의 친자식은 이미 다 타인에게 출가했으니 형제와 의논해 허락하겠다고 했음이 눈길을 끈다. 당시 원 세조는 통혼을 허가하는 데 주저하거나 최소한 시간을 끌었던 것이라 할 수 있다.

물론 주지하듯이 이 결혼은 성사되었다. 1년여 뒤인 1271년 10월 황제가 드디어 세자와의 혼인을 허락했다. 그런데 세자의 혼사 허락에 대한 고려의 사례는 1273년 1월에나 전해지게 된다. 의아하게도 이와 관련한 정황이 《고려사》나 《원사》에는 자세히 묘사돼 있지 않다. 혼인 허락과 그에 대한 감사 표시가 있었음이 단 두 줄의 문장으로 언급돼 있다. 이 인사가 이렇게 늦은 이유는 현재 불명확하나 혼사가 지연된 것은 분명하다. 1274년 5월에야 세자 심(諶, 후에 충렬왕)이 황제의 딸 홀도로게리미실(忽都魯揭里迷失) 공주에게 장가를 가기 때문이다. 이에는 고려 측 또는 원 측의 사정이 작용했을 가능성이 있지만, 현재로서는 상상만이 가능할 따름이다.

여원 간 통혼은 이후 여러 왕 대를 거쳐 계속된다. 충선왕은 세자 시절 고려인 세자빈을 둔 상태에서 원의 공주와 혼인했고, 충숙왕은 원나라 공주를 비롯해 여러 원나라 여인들과 혼인했으며, 충혜왕은 물론 공민왕 또한 그러했다. 원이 고려와 오랜 기간 적극적으로 통혼 관계를 유지했던 정치·외교적 배경에 대해서는 많은 연구가 이루어져 있다. 고려를 멀리하기도 가까이하기도 어려웠던 원 측의 사정이 작용한 통혼이라는 데에는 대체로 공감대가 이뤄져 있지만, 원이 고려를 그러한 존재로 여긴 배경에 대해서는 다양한 가설들이 제시돼 있다.

이상에서 본 바와 같이, 원종은 1270년대 초에는 개경 환도를 완결하고, 1270년대 전반 원과의 통혼을 성사시킴으로써 이후 고려의 정체성을 크게 규정할 부마국 체제(고려와 원의 관계가 고려 국왕이 원 황제 또는 유력 인사의 부마라는 상황에 의해 규정되는 체제)의 서두를 열게 된다. 이것은 여원 관계의 측면에서 볼 때 엄청난 외교적 성과였다. 물론 종래의 연구에서 이미 지적했듯이 고려는 여원 관계를 강화하고 왕정복고를 이루고자 했으며, 원은 남송과 고려 간 교류를 견제하고 일본 정벌에 고려를 활용하고자 했다. 양측에게 이 통혼은 사실 거부할 필요가 없는 선택이었다. 또 최근의 연구에서는 원 정부가 고려 왕을 부마로 삼아 그 지위를 높여줌으로써, 당시 원 측의 또 다른 견제 대상이었던 동방 3왕가와 균등한 세력을 점하게 하고자 한 것이었다는 점도 밝혀졌다.

양국 간의 통혼이 양국 관계에서 강자에 해당했던 원 측의 필요와 동의가 작용함으로써 비로소 가능했던 일임은 분명하다. 그러나 그러한 정황을 알았든 몰랐든 원종이 적극적인 청혼 요청으로 일을 성사시켰던 것에 대한 적극적 평가도 필요하다. 1260년대 개경 환도와 여원 통혼이라는 두 가지 성과를 일궈낸 원종의 정사는 정치·외교적 안정을 고려에 가져다주는 동시에, 이후 1278년 전개된 충렬왕의 외교적 성과를 가능케 한 사전 작업으로서의 가치도 지녔기 때문이다.

그러나 그와 관련해 그가 정치적으로 치러야 할 대가도 적지 않았다. 삼별초의 반란이 그것이었다. 삼별초가 삼남 지역에서 한 노략질 행위는 원종에게 막대한 정치적 부담이 되었다. 또 몽골군이 삼별초를 토벌하는 과정에서, 몽골과 외교적 관계를 유지해야 했던 고려 정부는 결국 몽골군과 연합해 동족인 고려인을 토벌하는 모순에 개입할 수밖에 없었다. 무엇보다도 경제적으로도 전혀 이롭지 않은 후유증들이 양산되었다.

꺼져가는 무신 집정의 마지막 저항

삼별초는 최우의 집권 당시 출범했다. 도적이 성행했던 탓에 용사를 모아 매일 밤 순행시키며 포악 행위 등을 금지하게 했는데, 이들을 야별초라 불렀다. 그런데 야별초가 임무를 수행하는 지역이 점차 늘어나면서 인원이 많아지자 좌우로 나뉘었다. 또 고려인으로서 몽골로부터 도망쳐 돌아온 자들로 편성한 신의군이 그에 더해져 드디어 삼별초가 구성되었다.

그런데 이후 이들은 도적 감찰 이외의 의무를 부여받게 된다. 권신들이 권세를 잡게 되자 그들을 측근으로 부리고 녹봉을 주었으며, 재물도 분배해 드디어 정권의 친위대로 포섭했다. 이후 김준의 최의 암살, 임연의 김준 주살, 송송례(宋松禮)의 임유무 처단 때 삼별초가 항상 그 기동 병력으로 동원되었다.

그런데 이러한 삼별초가, 임유무가 주살된 직후인 1270년 5월 정부의 개경 환도 작업이 마무리 단계에 접어들면서, 동요하는 모습을 보이게 된다. 다음의 기사를 살펴보자.

재신과 추신들이 모여 구경(개경)에 다시 환도할 것을 의논하고, 개경 환도일로 확정된 날짜를 시중에 방으로 내걸자, 삼별초가 다른 마음을 품어 그 명령을 좇지 않고 창고를 함부로 열었다.

—《고려사》

아무리 막강한 권력을 쥐었을지언정 일개 시위 부대에 불과한 삼별초가 정부의 곡물 보관소인 창고를 함부로 연 것은 명백한 불법 행위에 불과했다. 원종이 그러한 반발을 예상했는지는 알 수 없지만, 그는 일단 그들을 회유하려고 노력했다.

왕이 정자여를 보내 강화에 들어간 삼별초를 달래게 했다.

—《고려사》

그러나 효과가 없자 원종은 마침내 삼별초를 파했다. 그간 무신 정권의 무력 기반으로 존속하며 권력을 누려 온 삼별초는, 원종의 이러한 갑작스러운 조치에 반발하지 않을 수 없었다. 6월 배중손(裵仲孫)과 노영희(盧永禧) 등은 삼별초 군사를 거느리고 반란을 일으켰으며, 승화후 왕온(王溫)을 협박해 왕으로 삼고 자신들이 임의로 설치한 관부에 관료들을 임명했다.

그러나 고려군에 정면으로 항거하기는 쉽지 않았다. 전세가 여의치 않자 삼별초는 바로 인민과 재화를 구류, 압류해 남하하기로 결정했다. 당시 상황에 대한 기록은 그리 많지 않다. 다만 강화에서 삼별초군에게 잡혔다가 자신의 기지로 극적으로 탈출한 일반인들이나 삼별초군의 갑작스러운 반란에 현명하게 대응하던 장수와 학자들의 일화가 남아 있어, 그를 통해 당시의 혼란상을 엿볼 수 있다.

남하한 삼별초는 삼남 지역을 돌며 갖은 혼란을 일으켰다. 1270년 8월 삼별초는 진도에 들어가 여러 주와 군을 침략하그, 황제의 성지를 가짜로 만들어 전라도 안찰사로 하여금 백성이 거둔 수확을 진도로 운송하게 했다. 고려 조정은 진도 토벌을 시도했으나, 삼별초는 장흥부에서 침략을 계속했다. 급기야 원종은 김방경(金方慶)을 전라도 추토사(追討使, 반란이 일어났을 때 이를 평정하려고 임시로 임명했던 벼슬)로 삼아 몽골 원수 아해(阿海)와 더불어 군사 천 명을 데리고 진도 토

진도 용장산성(위), 제주 항파두리 토성(아래).
강화에서 남하하여 삼남 지역을 돌며 온갖 혼란을 일으키던 삼별초는
진도, 제주로 주둔지를 옮겨가며 여몽 연합군의 토벌에 저항한다.

벌 작전을 수행하게 했다. 진도에서 버티지 못한 삼별초는 다시금 이동했고, 이번에는 1270년 11월 제주를 함락했다.

삼별초가 위세를 떨치자 각지에서 그에 호응하기도 했다. 1271년 1월에는 밀성군 사람들이 진도의 삼별초 세력에 응하려 했고, 관노비 숭겸(崇謙)과 공덕(功德) 등이 그 무리를 모아 다루가치〔達魯花赤〕와 고위 관료들을 죽이고 진도에 투항을 시도하기도 했다.

그러나 삼별초에 대한 여몽 연합군의 토벌도 집요했다. 1271년 5월 김방경, 흔도(忻都), 홍다구, 왕희(王熙), 왕옹(王雍) 등의 진도 격파에 승화후 왕온이 사망했다. 김통정(金通精)은 남은 무리를 끌고 일찍이 함락했던 탐라로 들어가 토벌될 때까지 한반도의 남단을 불안정하게 했다. 이후 삼별초는 1273년 4월에야 드디어 평정되었다. 김방경이 흔도, 홍다구 등과 더불어 전라도의 선박 160척에 육군, 해군 1만여 명으로 탐라를 정벌했던 것이다.

삼별초가 저지른 가장 큰 해악은 바로 유민 문제라고 할 수 있다. 1271년 5월 원종이 상장군 정자여(鄭子璵)를 몽골에 보내 진도의 적을 토벌한 것에 대해 사례하면서 언급한 내용을 살펴보자.

진도 토벌 와중에 적선(삼별초의 선박)이 도망친 것이 있어 아직 불씨가 남아 있긴 하지만, 역적(삼별초)의 처자식과 친척들은 달게 그 죄를 받게 되었습니다. 다만, 고려의 대소 인민으로 자신은 먼저 고도(개경)에 나왔으나 그 부모, 친속, 노비가 아직 강화에 있다가 적(삼별초)에게 침탈, 납치되었던 사람들이 이제 다시 관군(몽골군)에게 노획되어 모두 상조(원)

로 들어가게 되었으니, 엎드려 바라건대 장수들에게 명령하시어 다 복
구하게 해 주소서.

―《고려사》

이 기사를 보면 삼별초에 잡힌 고려 백성이 몽골군의 삼별초 진
압 과정에서 다시금 몽골군에게 잡혀갔음을 알 수 있다. 한편, 3개월
후인 8월 전해져 온 중서성의 문서에는 다음과 같은 내용이 있다.

강화도에서 삼별초의 적에게 잡혀간 백성은 부모, 처자를 찾아내어 서
로 다시 만나게 해 주고, 도적의 가속이나 노비로 병사들에게 이미 분급
된 자 외의 진도 원주민들도 모두 그 족속을 모아 본국(고려)에 돌려줄
것이며, 왕경 부근에 옮겨 생업에 안정토록 하라.

―《고려사》

황제의 이러한 명령은 원종의 요청을 전적으로 수용한 것이었다.
따라서 원종은 이에 근거해 흔도에게 구류된 자들을 돌려보내도록 지
시했다. 그러나 흔도는 그를 거부했다. 중서성 문서가 언급한 세조의
성지에 구류된 사람의 다른 가족 구성원들, 이를테면 조손, 구생, 숙
질, 형제, 자매, 노비에 대해서는 별도의 언급이 없었다는 점이 그 근
거였다. 그러나 흔도의 속내는 다른 곳에 있었다. 원종이 흔도의 거부
에 대해 항의하기 위해 중서성에 올린 글에 따르면, 관군이 사로잡은
백성을 풀어주지 않고, 성지가 내려오기도 전에 그들을 전라도, 경상

도, 왕경, 황주, 봉주 등지에 배치했음을 알 수 있다. 흔도는 진도에서 구략한 백성을 둔전 경영 인력으로 활용하기 위해, 진도에서의 삼별초 토벌이 끝나자마자 서둘러 여기저기로 배속시켜 놓았던 것이다. 현장의 지휘관이자 원 조정으로부터 둔전 경영을 명령받아 그 안정적인 구축에 책임이 있었던 흔도가 원 조정의 원론적인 협종인 방면 지시를 교묘히 회피하면서, 편법적인 방식으로 둔전 운영 인력을 확보했음을 알 수 있다.

이에 같은 해 9월 원 관료 탈타아(脫朶兒)가 고려의 재추들과 더불어 흔도의 주둔지인 오산에 가서 역적 외의 사람들을 돌려보내라고 요청한 바 있었다. 흔도가 고집을 부리며 동조하지 않자, 탈타아는 성지를 내세워 그를 꾸짖고 그 백성 중 일부라도 풀어 줄 것을 지시하였다. 그런데 그가 흔도의 행위를 견제하는 데에는 한계가 있었던 듯하다. 탈타아의 질책이 더는 사료에 나오지 않고, 흔도가 사람들을 돌려보냈다는 기사도 보이지 않기 때문이다.

이 문제는 1272년 6월 다시 등장한다. 이번에는 제주 지역의 삼별초를 회유하다가 발생한 사건에 대한 협의에서 유사한 문제가 거론되었다. 원종은 원에 사람을 보내 다음과 같이 항의했다.

제주에서 출래하는 자들로 고윤대 등 6명이 지난해(1271) 9월초 추토사 김방경의 휘하에 들어왔는데, 흔도가 여러 번 유지를 보내 이들을 둔소(둔전)에 보내려고 합니다. 지금 바야흐로 제주 사람들을 초유하는데, 명령에 순종하여 나온 사람이 곧 군중에 계류된다면, 저 사람들이 그 소식을 듣고 뭐라 하겠습니까? 빌건대 금지하게 하소서.

—《고려사》

이러한 유민의 처리 문제는 애당초 삼별초가 이동하면서 현지의 백성을 징발하여 자신들과 함께 끌고 다니지 않았으면 발생하지 않았을 문제다. 백성들은 자신이 원래 거주하던 위치에 그대로 거주하면서 괜히 엉뚱한 지역의 둔전으로 끌려가 타향 생활을 할 필요가 없었을 것이며, 고려 정부도 이들을 다시 고려민으로 돌려받기 위해 원과 지루한 협상을 할 필요가 없었을 것이기 때문이다. 그러나 이동 중에 세력을 유지하기 위해서였는지 또는 일종의 정치적 명분을 확보하고자 한 것인지, 삼별초는 통과하는 모든 지역에서 백성을 적발해 다음 이동지로 데리고 갔고, 결국 고려민들을 원으로 유출시키는 사태를 일으켰던 것이다.

물론 삼별초와 함께 이동한 백성 중에는 타의가 아닌 자의로 동행한 백성도 있을 수 있다. 그러나 여원 사이에 오간 공방을 보면, 타의로 끌려다닌 경우가 더 많았음을 여실히 확인할 수 있다.

이외에도 삼별초는 1272년 5월의 사례를 포함한 여러 사례에서도 보이듯이 삼남 지역에서 중앙 정부로 미곡을 운반하던 물자 조운선(물건을 실어 나르는 데 쓰는 배)들을 여러 차례에 걸쳐 공략했다. 그것은 고려 정부의 세정(稅政)을 심각하게 위협했다.

이렇듯 삼별초는 무신 집정의 무력 기반으로 기능하다가 권력에서 밀려나자 중앙 정부의 대원 정책에 반기를 들고, 중앙 정부에 대한 공세적 저항으로 인민 납치와 조운선 탈취를 일삼은 집단이었다고 할 수 있다. 그들이 과연 민족의 자존심을 수호하고자 했던 의로운 조직이었으며, 그들의 행위가 정말 애국적이었을까? 최근의 연구에서는 삼별초가 일본에 첩자를 보내 몽골군에 대한 공동 대응을 모색한 것을 밝히기도 했다. 혹자는 그를 근거로 몽골과 연합했던 고려 정부에 대비되는 삼별초의 애국·애족 정신을 강조하기도 한다.

그러나 삼별초에게는 전혀 다른 면모도 있었다. 다음의 기사를 살펴보자. 1271년 3월 원나라 중서성 신료의 언급에 나오는 부분이다.

> 고려의 반신 배중손이 여러 몽골 병사가 퇴각한 후에 내부(항복)하겠다고 했는데 흔도가 청을 들어주지 않으니, 전라도에 거주하며 바로 (원) 조정에 예속되고자 합니다.
>
> —《고려사》

이 요청은 끝내 거부되었지만, 궁지에 몰린 배중손의 몽골군 및 원 조정에 대한 입장을 엿볼 수 있는 부분이다. 또《고려사》내 기록인 추토사 김방경의 보고에 따르면, 이 요청이 거부당한 다음 4월에도 진도의 삼별초가 사람을 시켜 흔도에게 은밀히 의논할 일이 있다며 접촉을 요구해 온 일이 있었다. 실제로 흔도는 이들과 접선하기도 했던 모양이다. 이들 사이에 정확히 어떤 논의가 오갔는지는 사료에 남아 있지 않다. 하지만 삼별초의 성향을 다시 생각하게 하는 대목인 것만은 분명하다.

삼별초의 이러한 면모는 위에서 언급했던 일본과의 동조 모색이 민족적 차원에서 나온 시도라기보다 삼별초의 생존을 보장받기 위한 노력에서 나온 것이었을 가능성을 보여준다. 삼별초의 지도부나 일반 병사 중에는 몽골군에 대한 증오에서 그에 대한 투쟁을 계속한 인물도 있었을 수 있다. 그러나 마찬가지로 정치적 이유만으로 투쟁을 지지한 인물들도 있었을 것이다. 일본과의 동조 모색 시도도 더 큰 대의를 위한 것이었을 수도 있으나, 마찬가지로 자신들의 생존을 위한 것이었을 가능성도 있다. 따라서 삼별초의 성격을 어느 하나로 단정지을 필요는 없다고 본다. 당시 고려 정부와 원 제국 사이에서 정국 변동의 일각에 있었던 세력으로 간주하는 것이 적절하리라 생각한다.

마지막 목표, 경제의 복구

정치·외교적 노력에 이어, 고려의 경제를 복원하기 위해 원종이 기울였던 노력을 살펴보자. 당시 고려의 국토 및 경제 구조는 심각하게 교란된 상태였다. 고려 정부는 누적되는 전민겸병(사회적 강자들이 어려운 인민이나 그들의 토지를 불법적으로 탈취하거나 점유하는 일) 등의 사회 문제에 대해 효과적인 개혁책을 구사하기 어려운 상황에 부닥쳐 있었다.

특히 원종 대의 경우, 일본 정벌을 위한 선박 건조 사업이나 원의 둔전 경영 및 미곡 징발 등 강제적 수탈이 계속되었다. 또 몽골군이 아직 한반도 내에 주둔해 군사적 위협 또한 계속되는 상황에서, 고려 정부가 독자적 사회 개혁책을 입안, 수행하기란 사실 불가능한 상황이었다.

둔전의 경우, 1270년대 초 원에 의해 고려 내에 설치되었다. 둔전은 주둔군에게 제공할 미곡을 생산하기 위해 설정하는 토지다. 원종은 둔전의 혁파를 거듭 요청했으나, 둔전은 1278년 원 병력이 철수할 때까지는 존속했던 것으로 보인다. 그런데 원 둔전은 그리 큰 소출을 내지 못했으며, 원 둔전 운영의 실패는 오히려 고려 조정에 더욱 큰 부담으로 작용하게 되었다. 주둔 병력은 물론 경작 인력의 생계에 필요한 미곡까지 고려 정부가 부담해야 했기 때문이다. 든전이 설치된 이후 소출이 발생하기까지는 시간이 걸릴 수밖에 없었고, 소출이 발생한 이후에도 원은 고려 정부에 지속적으로 군량 및 근마에게 먹일 사료를 요구했다. 그 부담은 만만치 않은 것이었다.

더군다나 둔전 운영의 실패로 그 여파가 인근 지역에 대한 침탈로 이어지면서 사회 불안까지 가중되었다. 둔전에서 생산되는 물자로 병력을 지탱하는 것이 어려워지자, 필연적으로 부족 물자를 주변 지역에서 물색할 수밖에 없었던 것이다. 원종 사망 이후 충렬왕 대의 일이긴 하지만, 1277년 충렬왕이 원으로 갈 때 '다루가치 왕경의 몽골군, 합포의 왜선 진수군, 황주·봉주·염주·백주 4주에 태치된 둔전군에 제공될 물자 준비가 무거워 백성이 고통받고 있습니다'라는 김주정(金周鼎)의 언급에서도 그를 엿볼 수 있다.

또 1274년과 1281년 두 차례에 걸쳐 단행된 일본 정벌은 인력의 징발은 말할 것도 없거니와 고려의 미곡, 목재, 철재를 심각하게 소진시켰다. 고려는 일찍이 경험해 보지 못한 규모의 선박 건조 작업을 감내해야 했다. 1274년 1월 원에서는 고려에 배 300척을 건조할 것을 지시했고, 고려는 여러 곳에서 선박 건조를 시작하면서 목재 등 주위 지역의 물자를 다량 징발했다. 선박 건조에 동원된 고려인의 수는 3만여 명을 넘었다. 그런데 건조해야 할 선박의 수는 이후 더 늘게 된다. 결국, 1274년 10월 몽골군과 한군(중국군) 2만 5천 명, 고려군 8000명, 사공과 안내자 6700명에 전함 900척이 일본 정벌에 나서게 되었다. 이 병력은 한 달 만에 고려 해안으로 돌아왔다. 거의 삼분의 일에 이르는 1만 3500명이 돌아오지 못했는데, 고려군의 사상자 또한 많았을 것이다.

2차 일본 정벌은 중국의 강남 지역이 준비 과정에 동원되었다. 원 제국이 강남 지역을 병합함에 따라, 그 지역의 재원을 활용하게 되었던 것이다. 그러나 고려가 명령받은 준비 사항도 결코 적지 않았다. 병선 900척, 초공과 사공 1만 5000명, 그리고 병사 1만 명에 병량 11만 석을 준비해야 했다. 따라서 고려민들이 겪었을 고통은 이전과 비슷하게 클 수밖에 없었다. 이는 유능한 지방관들이 일본 정벌 준비 작업을 전개함에 있어 백성에게 피해를 덜 끼친 경우에 대한 사료상의 칭찬 등을 통해 간혹 확인된다.

이러한 악조건 속에서, 원종은 불법적인 전민 거래를 종식시키고 호구 조사를 새로이 하는 등의 경제 기반 복원을 도모하는 것에 관심을 기울이게 된다.

1270년대 전반 고려가 원으로부터 다시 가혹한 수탈을 당하는 와중에, 권세가들의 토지 집적 및 그 한 수단으로서의 '탈점'은 이미 일반화되었던 것으로 보인다. 1260년 1월 급전도감에서 문무 양반들이 이전에 받은 토지의 비옥도가 균등치 못해서 고쳐 지급할 것을 건의했다가 권세가들의 비협조로 성과를 보지 못했고, 1261년 1월 어사대에서 권세가가 타인의 전지를 탈취하는 것을 엄금할 것을 건의했다는 사실에서 그러한 정황을 엿볼 수 있다.

그런데 원종 정부는 이러한 정황들을 지적하기만 했을 뿐, 후속 조치를 통해 그러한 상황을 해소하는 데 그리 신속하지 못했던 것으로 보인다. 이런 문제를 해결하기 위해 진작 설치되었어야 했을 전민변정도감은 1269년 환도할 즈음에야 설치되었다.

원종은 1270년대 초기 토지와 인민 양쪽에서 점검 작업을 펼치고자 노력하기는 했다. 당시 여러 왕실 및 측근 인사들이 방해했는데도 창고의 고갈과 백관 녹봉의 미지급 상태 해소를 명분으로 1271년 2월 경기 8현의 전토를 품계에 따라 녹과전으로 지급한 것이나, 1273년 토지의 공안(公案)과 별고(別庫) 노비의 명부를 관장할 방고감전별감을 설치한 것은 그 사례들이라 할 수 있다. 물론 엄밀히 말해, 전자는 당시 권귀들의 토지 탈점을 부정하거나 무효로 해 변정의 여건을 만들려 한 조치는 아니었으며, 후자 또한 공안과 천적을 점검하는 것에 한정된 조치였음을 부인할 수 없다. 즉 1270년대에 토지 탈점이 계속되었는데도 그에 대해 정부가 실제적 억제책으로 제시한 방책들은 적었던 셈이다.

이후 충렬왕이 즉위해 원종의 노력을 이어갔다. 충렬왕 대의 경우 선박 건조 사업의 중단, 원군의 철수 등 강화 이래 양국 간의 관계가 다시금 설정되면서, 고려 정부가 주도적으로 자국의 정치 환경 및 경제 여건을 수습해 원상 복구를 시도할 여건이 점차 형성되었다.

원종을 어떻게 평가할 것인가

13세기 전반 고려와 원 사이에 계속되었던 교전은 1260년대 이후 중단되고, 이후 양국 간에는 화친이 성립되었다. 그러나 몽골의 정치, 경제, 외교적인 간섭은 이후 오히려 더욱 심해졌으며, 일본 정벌 등을 통해 몽골군이 계속 한반도를 오가고 있어 군사적 긴장 관계도 여전한 상태였다. 이런 상황에서 고려는 국체와 국가 제도를 보전하기 위해 원의 간섭을 받아들이게 된다. 원의 영향력을 최소화하는 데 주력할 수밖에 없었던 것이다.

원종은 바로 그러한 상황에 부닥친 왕이었는데, 우리는 그의 개인적 재능이나 그 의지의 신실성에 대해 알지 못한다. 그런 만큼 유난히 어려운 처지에 놓였던 그 왕의 행적을 객관적으로 평가하기는 참으로 어려운 일이다. 원종이 처해 있던 상황을 계승해 양국 사이에 새로운 질서를 모색한 충렬왕이나, 충렬왕 대 시도하지 못했던 문제들, 예를 들어 정방의 혁파를 통해 정치 개혁을 단행하고, 부세 체제를 혁신해 호구와 토지 현실을 함께 반영한 세정을 정립하는 경제 개혁을 단행해 나간 충선왕과 달랐던 것은 확실하다. 원종은 그렇게 두드러진 업적은 보여주지 못했다.

그러나 충렬왕과 충선왕은 각기 당시의 여원 관계에서 일정한 '도움'을 받은 왕들이었다. 예컨대 충렬왕은 1278년 원 세조와의 만남에서 홍다구의 전횡과 독단을 고발하고, 그 병력의 철수를 요청했다. 그 외에 동정원수부(東征元帥府)가 전라도에 탈탈화손(脫脫禾孫) 등의 관원을 설치하는 것에 대해 금지를 요청하고, 동녕부를 고려에 돌려 달라고 요청했으며, 서해도의 곡주·수안 지역이 고려의 경역임을 인정해 줄 것 등을 요청했다. 이에 세조는 홍다구의 병력과 서해도의 둔전군, 합포 지역의 일본 진수군을 모두 철수시킬 것을 약속했다. 충렬왕이 다루가치는 남겨 둘 것과 상국(원)의 법에 따른 호구 조사 시행을 약속했는데, 세조는 그럴 필요가 없다면서 전면적인 철수를 지시했다. 충렬왕의 당시 외교는 커다란 정치적 승리로서 충렬왕 전반기의 대표적 업적으로 꼽힌다.

그런데 충렬왕의 이러한 교섭이 성공할 수 있었던 것에는 원 내부의 사정도 크게 작용했다. 원은 1276년 남송의 수도 임안을 함락하고 강남 지역을 흡수, 편제하는 작업을 급속히 진행했다. 이미 1275년부터 새로 획득한 지역들의 주·부·군·현에 대한 호구 파악을 진행해 강회·절동·절서·호남·호북 등의 지역에서 부 37, 주 128, 관 1, 감 1, 현 733을 얻었으며, 강남 지역에서 모두 930여만 호에 1900여만 명의 인력을 새로 확보했다.

이러한 엄청난 규모의 새로운 인력 확보는 해당 지역 백성을 안정시켜야 할 책무를 원 조정에 짊어지웠다. 원은 강동·강서·절동·절서·회동·회서 지역의 곡물과 재물을 조사하고, 이 지역에 선위사를 임명했다. 또 강남 지역 전반에 행성을 설치하고, 지방 단위를 정비하며 이 지역에 대해 명실상부한 지배를 확립했다.

당시 이렇게 폭발적으로 늘어난 영역과 인력의 확보는 당연히 원 제국의 정치 지형은 물론 경제 지형까지도 모조리 바꿔 놓는 일대 변화를 가져왔을 것이다. 이때 확보한 남송 지역의 자원은 1280년대 초 실제로 국가 재정에 반영되기 시작했다. 1283년부터 연간 쌀 수송량이 기록되기 시작했는데, 초기의 4~5만 석 수준이 이후 20여 년에 걸쳐 300만 석 규모로 급증했다.

이러한 상황에서 원이 고려 재원을 바라보는 시각이나 그에 접근하는 방식이 근본적으로 바뀌었을 가능성이 크다. 1278년 원이 둔전을 철수하고 병력 및 다루가치를 철수했으며 고려 내 호구 파악도 포기했다는 것은, 원이 고려에 병력이나 경작 시설 등을 유지할 필요가 더는 없었으며, 호구 파악 또한 이제 절실한 문제로 여기지 않게 되었음을 의미한다. 그 점을 충렬왕이 잘 간파해 원군의 전면적인 철수를 이끌어 냈던 것이다. 이때 양국 사이에 '원은 고려가 스스로 풍속과 관행을 보전할 것을 보장한다' 라는 약속이 성립된다. 이러한 약속은 이후 양국 관계를 규정하는 중요한 전범이 되었다.

이렇듯 충렬왕이 일정한 외교적 성과를 거두고 그를 통해 운신의 폭을 넓힐 수 있었던 것은 그의 상황 인식과 행동이 정확하고 신속했기 때문이기도 하지만, 중국 측에서 전개된 이러한 상황 변화 때문이기도 했다. 그에 비해 원종은 외부의 정황으로부터 아무런 도움을 받지 못했다. 오히려 남송이 아직 원과 대치하는 상황에서, 1274년 일본 정벌 준비의 부담을 혼자 뒤집어썼던 측면이 강하다. 또 무신 정권의 잔당들로부터 왕위를 위협받는 동시에 그를 토벌하고자 하는 몽골군을 지원해야 했으며, 반역자 최탄에 대한 원의 옹호도 지켜볼 수밖에 없었다.

원종은 원 제국의 전방위적인 압박에 직면해 자신이 택할 수 있는 유일한 경로를 택했다. 원의 요구를 수용해 개경으로 환도하고, 여원 통혼을 먼저 제기함으로써 국면의 전환을 도모했다. 또 삼별초의 난과 최탄의 난, 일본 정벌로 한반도 남북부가 모두 소란한 상황에서 원의 요구를 줄이고 상황이 더 악화하는 것을 막는 데 주력했다.

그의 정사가 다른 국왕에 비해 탁월했다고 평가할 근거는 없다. 그러나 그가 1260년대와 1270년대 고려 사회를 경영하는 데 능력이 부족했다거나 무력했다고 할 근거도 없다. 주어진 여건이 가혹한 것이었을 뿐, 원종은 온 힘을 다한 국왕이었다.

김춘추_난세를 이겨 낸 현실주의자

신 라 가 나 아 가 야 할 방 향 을
정 확 히 파 악 하 다

고경석 : : 해군충무공리더십센터 연구원

김춘추
604~661

신라 제29대 태종무열왕 김춘추는 제25대 진지왕의 아들 김용춘과 제26대 진평왕의 딸 천명부인 사이에서 태어났다. 조부와 외조부가 모두 신라의 국왕이었으나 아버지 용춘은 진평왕계에 밀려 왕위에 오르지 못했다. 하지만 김유신의 매부가 되어 군사력을 주도하는 신흥 귀족 가문인 김해 김씨와 결합함으로써 정치적 실세로 주목받기 시작한다.

642년(선덕여왕 11) 백제의 침입으로 대야성이 함락되었는데, 김춘추는 대야성 성주였던 사위 김 품석의 패전으로 정치적 위기에 빠졌다. 김춘추는 이를 타계하기 위해 고구려에 직접 가서 연개 소문과 만나 청병을 요청했으나 영토를 문제 삼은 고구려에 강금당했다가 가까스로 돌아온다.

신라는 당에 사신을 보내 협조를 요청했는데, 당 태종은 신라 국왕 선덕여왕이 여자라는 점을 문 제 삼았다. 이에 여왕 통치에 부정적이었던 구 귀족들이 상대등 비담을 중심으로 난을 일으켰으 나, 김유신이 제압해 김춘추 세력이 정치적 주도권을 잡는다. 648년 아들과 함께 직접 당에 사신 으로 간 김춘추는 나당동맹을 맺어 삼국 통일의 기반을 마련한다. 또한 중국의 발달된 유교 문물 을 수입한다.

654년 진덕여왕이 사망하자 김유신의 개입을 통해 상대등 알천의 양보를 받아 왕으로 즉위한다. 왕위에 오른 김춘추는 백제 정벌에 전력을 다해 660년 백제를 멸망시키고 고구려 정벌에 착수했 으나 이듬해 6월 사망했다.

‘당 태종’과 ‘신라 태종’

신문왕 때 당의 고종(高宗)이 신라에 사신을 보내 말하기를,

“나의 선황께서는 위징(魏徵), 이순풍(李淳風)과 같은 어진 신하를 얻어 서로 마음을 합하여 천하를 통일하였으므로 ‘태종 황제(太宗皇帝)’라 하였다. 그런데 너희 신라는 멀리 떨어진 작은 나라로서 ‘태종(太宗)’의 칭호를 사용하여 천자의 이름을 더럽혔다. 이는 그 뜻이 불충(不忠)하니 속히 고치라.”

하였다. 이에 신라왕이 글을 올려,

“신라가 비록 작은 나라이지만 (저희 조부께서) 성스러운 신하 김유신(金庾信)을 얻어서 삼국을 통일하였으므로 ‘태종’이라고 하였습니다.”

라고 아뢰었다. 그러자 당 황제가 이전에 자기가 태자로 있을 때 하늘에서 ‘삼십삼천(三十三天)의 한 사람이 신라에 태어나서 김유신이 되었다’라고 울리는 소리를 듣고는 자기 책에 그 말을 적어 놓았던 것이 기억나

서 그 책을 꺼내어 확인하고서는 놀라 마지않았다. 그리하여 다시 신라
에 사람을 보내어 '태종'의 칭호를 고치지 않아도 괜찮다고 하였다.

―《삼국유사》 권2, 태종춘추공 조[1]

당 태종 이세민은 아버지(고조)와 함께 당을 건국하고 유교 정치
이념에 근거해 정치의 기틀을 공고히 다진 인물로서, 중국 역사 전체
를 통틀어 이상적인 군주의 표상으로 추앙받는다. 그런데 신라에서
당 태종과 비슷한 시기에 활동했던 김춘추에 대하여 '태종'의 칭호를
부여하자 당 조정에서 발끈했다. 왜냐하면 제후국인 신라가 천자국의
황제, 그것도 건국의 영웅 이세민과 같은 칭호를 부여함으로써 대국
의 체면에 상처를 입히는 불경스러운 행위를 저질렀다고 판단했기 때
문이다. 그러나 당의 호된 질책에도 불구하고 신라는 자신들의 결정
을 번복하지 않았다. 오히려 당은 신라가 '태종'의 칭호를 사용하는
것에 대하여 더는 문제 삼지 않고 허락하는 지경에 이르렀다.

신라와 당 간의 외교 문제로까지 비화했던 중대 사안이 어찌해
고스란히 신라의 주장대로 관철될 수 있었던 것일까? 더욱이 당시 당
은 고구려, 백제는 물론이고 거란족이나 돌궐과 같은 주변 민족까지
모두 복속하여 명실상부하게 세계 제국으로서 국제 사회를 주도하는
초강대국의 위치에 있었다. 따라서 당에 대하여 사대의 예를 갖추었
던 신라가 이처럼 자기주장을 강하게 밀어붙일 수 있었던 배경에는
분명히 그에 합당한 이유가 있었을 것이다. 이처럼 신라가 당당하게
대처할 수 있었던 것은 삼국통일의 두 영웅인 김춘추와 김유신의 활

동이 있었기 때문이다.

　김유신은 군사를 이끌고 일선 전투 현장에서 삼국 간 전쟁을 승리로 이끌었던 장수이지만, 신라가 고구려, 백제를 제압하고 삼국을 통일하는 데 가장 중요한 기반을 닦았던 사람은 김춘추다. 김춘추는 적극적 외교 활동을 통해 당을 동맹국으로 끌어들였고, 중국의 문물을 적극적으로 수용해 신라의 성장 토대를 마련했다. 그러나 한국 고대사의 분수령을 이루었던 삼국통일의 주인공 김춘추는 성장 과정과 정치적 출세 과정에서 숱한 우여곡절을 겪었던 인물이다. 그의 인생은 끊임없이 주어진 시련과 역경을 극복하고 시대의 흐름을 자신의 것으로 만들어 나가야 하는 과제의 연속이었다.

비운의 가문, 쫓겨난 왕의 손자

신라 제29대 국왕 김춘추의 가계는 매우 화려하다. 아버지는 용춘(龍春, 혹은 용수龍樹)으로 제25대 진지왕(眞智王)의 아들이고, 어머니는 천명부인(天明夫人)으로 제26대 진평왕(眞平王)의 딸이다. 즉 김춘추의 조부와 외조부는 모두 신라의 국왕이었다. 더 거슬러 올라가면 신라 영토 확장의 주인공 제24대 진흥왕(眞興王)이 그의 증조부이기도 하다. 조부 진지왕과 외조부 진평왕은 삼촌과 조카 관계이지만, 두 사람 사이의 왕위 계승은 그 직계 후손들에게 정치적으로 커다란 명암을 갈라놓았다.

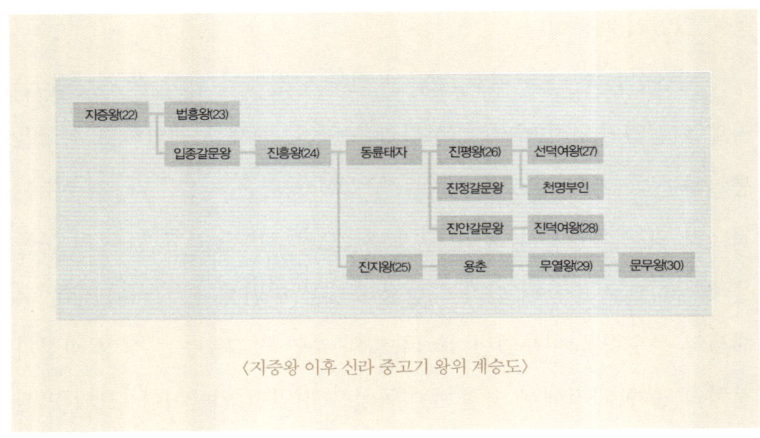

〈지증왕 이후 신라 중고기 왕위 계승도〉

진흥왕에게는 태자 동륜(銅輪)이 있었다. 그러나 동륜 태자가 572년(진흥왕 33) 사망함에 따라, 그의 동생이었던 사륜(舍輪)이 제25대 진지왕에 즉위하게 되었다. 그리하여 진지왕의 직계 자손인 김춘추 가계는 대대로 왕위에 오르며 신라의 왕통을 이어갈 수 있는 유리한 상황에 놓여 있었다. 그러나 김춘추 가문의 불행은 진지왕이 왕위에서 쫓겨나면서부터 급속도로 진행되었다.

《삼국사기》에 따르면 진지왕은 재위 4년째인 579년 7월에 죽고, 뒤이어 진평왕이 즉위했다고 기록되어 있다. 그리고 진지왕의 재위 기간 중 특별한 사건이나 자연재해가 발생했다는 기록도 없다. 그러나 《삼국유사》에는 두 국왕의 교체와 관련해 흥미로운 사연이 실려 있다.

제25대 사륜왕(舍輪王)의 시호는 진지(眞智)다. …… 대건(大建) 8년(576)에 즉위하였는데, 나라를 다스린 지 4년 만에 정사가 어지럽고 음란한 짓이 많아지자〔政亂荒婬〕, 국인(國人)들이 그를 폐위시켰다.

—《삼국유사》권1, 기이1, 도화녀 비형랑(桃花女鼻荊郎) 조

여기서 '정사가 어지럽고 음란한 짓이 많아졌다'라는 것이 정확히 어떠한 상황을 묘사한 것인지 더는 확인할 수 없다. 그러나 현존하는 국왕이 쫓겨나고 새로운 왕이 등극했다는 것은 정치적으로 매우 충격적인 사건이다. 왜냐하면 그 이전까지 국왕이 강제적으로 폐위당한 적이 없었기 때문이다. 진지왕의 폐위는 김춘추 가계에 불행과 시련이 시작되었다는 것을 의미했다. 더욱이 진평왕 즉위 이후 진평왕과 그 형제들이 자신들을 다른 가문과 노골적으로 구분하고 스스로 신성하고 우월하다고 강조해 나감에 따라, 김춘추 가계는 상대적으로 위축되고 열등한 처지로 전락했다.

진평왕은 왕위에 오른 뒤 자신의 아버지이자 진흥왕의 태자였던 동륜(銅輪)을 중심으로 그 직계 후손들에 대해 불교를 이용해 신성시하는 작업을 전개했다. 진평왕의 이름은 백정(白淨)이고 왕비는 마야부인(摩耶夫人)이었는데, 이는 석가모니 부모의 이름과 같았다. 그리고 진평왕은 동생인 백반(伯飯)과 국반(國飯)에게 갈문왕이라는 칭호를 봉해주었는데, 이들의 이름은 석가모니 삼촌의 것과 일치했다. 즉 인도에 있었던 석가모니 왕족이 마치 자신들의 가문에서 부활한 것처럼 꾸밈으로써, 자신들이 다른 사람과는 달리 더 신성하고 우월하다고

주장했다. 그리하여 다른 왕족, 즉 진골(眞骨)들보다 신성하다는 의미에서, 자신들을 특별히 ‘성골(聖骨)’이라고 불렀다. 그리고 이러한 ‘성골의식’을 바탕으로 왕위를 자신들의 직계 혈통에만 물려주려 했다.

신라의 왕위 계승은 부자 계승이 일반적이지만, 직계 아들이 없거나 나이가 너무 어릴 때에는 가까운 왕족 중에서 적임자를 선택하는 예도 많았다. 그런데 아들이 없었던 진평왕은 이와 같은 관례를 무시하고, 신라 역사상 최초로 자신의 딸인 선덕여왕에게 왕위를 물려주는 파격적인 조치를 취했다.《삼국유사》왕력(王曆)에 선덕여왕과 관련해 다음과 같이 전한다.

성골(聖骨) 신분의 남자가 없기 때문에 여왕(女王)이 즉위하였다.

즉 왕위 계승의 가장 중요한 조건을 ‘성골’ 출신으로 설정한 뒤, 성골 남자가 없으므로 차선책으로 성골 여자에게 왕위를 물려주었다는 것이다. 그러나 이러한 주장은 자신들의 가문을 다른 왕족과 구분하려는 우월의식이 다른 방식으로 표출된 것에 불과했다.

진평왕계 가문이 정치적 독주를 지속할수록 김춘추 가문이 느끼는 상대적 박탈감은 더 커질 수밖에 없었다. 물론 김춘추 가문이 정계에서 완전히 몰락한 것은 아니었다. 아버지 김용춘은 진평왕의 사위로서 622년(진평왕 44) 신라 제2 관등인 이찬으로서 궁중의 재정을 총괄하는 등 주요 직책을 담당했다. 그러나 김춘추 부자가 진지왕 대에 가장 유력한 왕위 계승권자였다는 사실을 고려한다면, 진평왕 대 이래 아무리 중책을 맡았다고 하더라도 그들이 느꼈을 상실감이 매우 컸을 것임을 짐작하기 어렵지 않다. 그리고 자신들의 처지를 드러내 놓고 한탄할 수도 없는 처지였다. 왜냐하면 신세 한탄이 자칫하면 현재 재임 중인 국왕의 즉위에 이의를 제기하는 것으로 비칠 가능성이 있었기 때문이다. 따라서 김춘추는 자신이 진지왕의 직계 손자였다는 사실을 드러내지 않고 과거의 화려했던 순간을 가슴 속에 묻고서, 자세를 최대한 낮춘 채 때가 되기를 기다렸다.

호랑이, 날개를 달다 – 김유신 가문과의 결합

평범한 진골 신분으로 활동하던 김춘추의 인생에 전환점을 가져온 사건은 김유신과의 만남이었다. 두 사람의 만남은 물이 고기를 만난 듯 서로에게 상승 작용을 일으켜 훗날 신라사의 흐름을 뒤바꾸는 역사적 전기를 이루었다.

김춘추와 김유신의 만남은 우연히 시작되었지만, 결코 우연적이지만은 않았다.

(김춘추의) 부인은 문명황후 문희(文姬)이니 김유신의 막내 누이였다. 처음에 문희의 언니인 보희(寶姬)가 꿈을 꾸었는데, 꿈 속에 서악산에 올

김유신 장군의 영정

김유신 장군의 묘(사적 제 21호, 경주시 충효동)

김춘추와 함께 삼국통일의 대업을 달성한 김유신은 기존의 최고 관등인 '각간'보다 상위의 '태대각간'에 제수되었는데, 신라 역사상 유일하게 김유신만 임명되었다. 또한 신라 말기에는 '흥덕대왕(興德大王)'으로 추존되었는데, 왕족 혈통이 아닌 자로서 대왕에 추존된 사례도 김유신이 유일하다. 이러한 사례들은 김유신의 정치적 활동이 신라 역사에 끼친 영향력이 얼마만큼 지대하였는가를 가늠해볼 수 있게 한다.

라가 오줌을 누니 경주성 안에 가득 찼었다. 이튿날 아침 보희가 동생 문희에게 꿈 이야기를 하자, 문희가 다 듣고서는 자신의 비단 치마를 주고서 그 꿈을 샀다. 그로부터 열흘이 지나 정월 보름날에 김유신이 자신의 집 앞에서 김춘추와 함께 공을 차다가 일부러 김춘추의 옷을 밟아서 옷끈을 떨어뜨렸다. 그리고는 자기 집에 들어가서 옷끈을 달자고 하고는, 보희에게 꿰매 드리라고 하였다. 그러나 보희는 "어찌 사소한 일로써 귀공자를 가까이할 수 있겠습니까?" 하고는 사양하였다. 그리하여 문희에게 시켜 바느질하게 하였다. 김춘추는 (김유신이 그의 동생과 자신을 맺어주려는) 의도를 알아차리고, 문희와 함께 잠자리에 들었다. 이후로 김춘추가 김유신의 집에 자주 왕래하였고 문희는 익신하게 되었다. (문희의) 임신을 알아차린 김유신은 문희를 불러 "네가 부모에게 고하지도 않고 아이를 배었으니 이 무슨 까닭이냐?" 하고는, 일부러 나라 안에 말을 퍼뜨려 누이동생을 태워죽이겠다고 하였다. 그리고는 선덕왕이 남산에 행차하는 날을 기다렸다가, 마당에 나무를 쌓고 불을 질러 연기가 일어나게 하였다. 왕이 이를 바라보고 무슨 연기냐고 물으니, 좌우에서 아뢰기를 "아마도 김유신이 누이를 태우려고 하는 것 같습니다"라고 하였다. 왕이 다시 그 연고를 묻자, '그의 누이가 남편 없이 임신하였기 때문' 이라고 하였다. 왕이 또다시 "이것이 누구의 소행이냐?"라고 하자, 마침 김춘추가 앞에서 왕을 모시고 있다가 얼굴빛이 크게 변하였다. 왕이 사태를 알아차리고 (김춘추에게) 말하기를, "이것이 너의 소행이니 속히 가서 구해 주라" 하였다. 김춘추가 왕명을 받들어 말을 달려 김유신의 집에 가서 문희를 죽이지 못하게 하고, 얼마 있지 않아 혼례를 올렸다.

—《삼국유사》 권 1, 태종춘추공 조

김춘추와 문희의 혼인은 김유신의 치밀한 사전 준비에 따라 다분히 의도적으로 진행되었다. 그렇다면 김유신은 왜 김춘추에게 접근한 것일까? 그리고 김유신의 의도를 간파한 김춘추는 왜 순순히 응했을까? 김춘추와 김유신의 결합은 두 가문이 처해 있던 상황과 상대방에 대한 필요성이 맞아떨어졌기 때문이다. 여기에는 김유신 가문의 등장 배경과 이들이 신라 사회에서 지녔던 특수성이 크게 작용했다.

김유신 집안은 가락국 시조 수로왕의 후손이다. 오늘날의 김해에 중심지를 두었던 금관가야는 가야의 맹주국으로서 막강한 영향력을 행사했다. 그러나 6세기 이후 신라의 국력이 급성장하고 영역을 확장해 나가자, 낙동강을 사이에 두고 대치하던 금관가야는 급격히 약화되었다. 그리하여 532년(법흥왕 19)에 가야국 구형왕은 왕비와 왕자를 거느리고 나라의 보물과 문서를 가지고서 신라에 항복했다. 그러자 신라에서는 구형왕이 나라를 들어 자진하여 귀순한 것에 대한 보답으로 이들 왕족에게 신라의 왕족과 같은 진골 신분을 부여하고 성씨도 왕성인 '김(金)' 씨를 사용하게 함으로써 정계에 진출할 길을 열어 주었다.

그러나 가야 왕의 후손인 김유신 가문은 뛰어난 활약상에도 불구하고, 신라 귀족들로부터 동등한 대우를 받지 못했다. 구형왕의 아들은 신라 정계에서 적극적으로 활동했는데, 특히 삼국 간의 전투에서 뛰어난 성과를 드러냈다. 그중에서도 김유신의 조부이기도 한 김무력(金武力)의 활약이 두드러졌다. 그는 진흥왕 대 백제와 고구려 정벌전에 여러 차례 참가했다. 그리하여 관산성 전투(554년)에서는 백제왕과 장수 네 명을 붙잡고 군사 1만여 명의 목을 베는 데 혁혁한 공을 세우기도 했다. 이러한 전통은 그 아들과 손자에게까지 이어져, 김유신 가문은 유력한 장수를 배출하는 집안으로 자리 잡았다. 외형적인 면에서도 김유신 가문은 기존 귀족들과 같은 진골 신분이었다. 그러나 이전부터 존재했던 귀족들은 새로이 가야에서 귀순한 세력을 동일한 공동체 구성원으로 받아들이지 않았다. 오히려 '굴러 들어온 돌', 즉 이방인으로 대했다. 그래서 김유신 가문 사람들의 성씨는 기존 신라 귀족들의 '김' 씨와 구별되어 '신김(新金)' 씨로 불렸다. 그리고 유력한 귀족 가문들은 김유신 가문과 혼인하는 것조차 꺼렸다.

> 일찍이 (김유신의) 아버지 김서현(金舒玄)이 길에서 숙흘종의 딸 만명(萬明)을 보고 마음에 들어, 눈짓으로 꾀어 중매를 거치지 않고 결합하였다. 김서현이 만노군의 태수가 되어 만명과 함께 떠나려 하자, 숙흘종이 그제야 딸이 그와 야합한 것을 알고 미워해서 별채에 가두고 사람을 시켜 지키게 하였다. 그런데 갑자기 문간에 벼락이 떨어지자 지키던 사람들이 놀라 정신이 없었다. 만명은 창문으로 빠져나가 드디어 서현과 함께 만노군으로 갔다.
>
> ―《삼국사기》 열전 1, 김유신전

위는 김유신의 아버지와 어머니가 맺어지게 된 사건의 전말을 기록한 것이다. 여기서 김유신의 외조부 숙흘종은 갈문왕의 칭호를 받은 입종(立宗)의 아들이었다. 갈문왕은 국왕의 형제나 왕비의 부친 등에게 주어지는 칭호로서, 유력한 핵심 귀족 세력을 의미했다. 그런데 위에서는 숙흘종이 자신의 딸이 부모의 허락 없이 김서현과 결합한 것에 분노해 두 사람을 인위적으로 만나지 못하게 한 것처럼 나온다. 그러나 당시의 정치 상황을 고려한다면, 숙흘종이 두 사람의 혼인을 반대한 이면에는 김유신 가문을 멀리하려는 의도가 강하게 작용했음을 알 수 있다. 앞서 김춘추가 문희와 결혼하는 과정에서 보았듯이, 부모 허락 없이 남녀가 결합한 것 자체는 질타의 대상이었다. 그러나 대개 김춘추의 사례처럼 일단 질책한 후에 두 사람의 결합을 용인하고 혼사를 추진하는 경우가 많았다. 그렇지만 숙흘종은 단순히 두 사람의 야합을 꾸짖는 것에 머무르지 않고 만남 자체를 원천적으로 무효로 하려 했다. 여기에는 자신들과 역사적 연원이 다른 가야 출신 귀족들을 경원시하려는 신라 귀족들의 의식이 크게 작용했던 것으로 추정된다.

이처럼 신라의 귀족들로부터 정당한 대우를 받지 못하고 소외당하던 김유신이 자신의 정치적 기반을 공고히 하고 주류 집단에 참여하는 방안으로써 선택한 것이 김춘추 가문과의 결합이었다. 두 가문이 결합하게 된 배경에는 김유신의 치밀한 계략이 작용했지만, 보다 근본적으로는 양측의 이해관계가 맞아떨어졌기 때문이었다. 김춘추 가문은 왕위 계승권에서 밀려난 왕족이었기 때문에 자신들의 정치적 영향력을 확대시킬 수 있는 세력과의 연대가 필요했다. 그러나 정치적 실권을 쥐고 있던 세력은 대부분 진평왕이나 선덕여왕과 혈연적으로 밀접한 관계에 있었고, 여타 귀족들은 김춘추 가문과 비교하면 상대적으로 열등한 처지였다. 이러한 상황에서 김춘추는 전쟁을 통해 새롭게 부상하면서 군사적 영향력을 강하게 지녔던 김유신 가문에 주목했다. 즉, 김유신 집안이 군사력을 기반으로 한 현실적 힘은 강했지만, 가야국 출신이기 때문에 주류에 편입되지 못한 채 영향력을 행사하지 못함을 간파한 것이다. 따라서 김춘추로서도 김유신의 의도적 접근을 애써 외면하지 않고, 양 가문 간의 혼인에 적극적으로 임했다.

김춘추와 김유신의 결합은 한때 유력했던 왕족출신 가문과 군사력을 주도하는 신흥 귀족 가문과의 결합이라는 성격을 지녔다. 그리하여 이들의 결합과 함께 김춘추와 김유신은 서로에게 든든한 보호막이 되어 서서히 정치적 영향력을 확대하기 시작했다.

정치적 실세로 부상하다

《삼국유사》에 따르면 김춘추가 김유신의 동생 문희와 혼인한 시기는 선덕여왕 대로 나온다. 그러나 〈문무왕릉비〉에 새겨진 내용에 따르면 두 사람이 결혼한 것은 625년(진평왕 47)이나 626년 무렵으로 추정된다. 왜냐하면 신라 제30대 문무왕은 이 두 사람 사이에서 태어난 맏아들이었는데, 681년 그가 죽었을 때의 나이가 56세였다고 한다. 따라서 그의 출생 연도를 역산해 보면 626년에 태어난 것이 된다. 그러므로 김춘추와 문희 사이의 혼인은 문무왕이 출생한 해이거나 아니면 그 전년에 이루어졌을 것이다. 김춘추가 김유신 집안과 혼인한 것이 진평왕 대였다는 사실은, 김춘추가 정치적으로 두각을 나타내기 시작한 시기와 관련해 중요한 의미를 지닌다.

사실 김춘추 부자가 왕위 계승권에서 밀려났기 때문에 이전보다 상대적으로 정치적 영향력이 축소된 것이 사실이다. 그러나 다른 일반 귀족에 비해서도 그 지위가 왜소했던 것은 절대 아니다. 김춘추의 아버지 용춘은 진평왕의 사위로서 정치의 전면에서 활발하게 활동했다. 622년에 진평왕은 궁정 업무를 하나로 합치는 획기적인 조치를 취했다. 즉, 국왕이 거처하는 대궁(大宮)과 신라 6부에 설치한 양궁(梁宮)과 사량궁(沙梁宮) 등의 세 궁을 통합하여 내성(內省)을 만들어 궁정 업무를 총괄하게 한 것이다. 그리고 그 책임자에 김춘추의 아버지 용춘을 임명했다. 그 결과 용춘은 정치적 실권을 보유한 유력 인물로 서서히 부상할 수 있었다. 김춘추와 김유신 가문이 혼사를 맺은 것은 그로부터 약 3~4년이 지난 다음이었다.

김춘추와 김유신 가문의 결합은 대외 전쟁에서의 협력으로도 이어졌다. 629년(진평왕 51) 8월 신라에서 군사를 보내 고구려의 낭비성(오늘날의 충북 청주 일대)을 공격한 일이 있었다. 이때 용춘이 군대 총지휘자인 대장군이었고, 김유신과 그의 아버지 김서현도 함께 출전했다. 이 전투에서 신라군은 초반에 고구려군의 기세에 눌려 고전하다가, 이후 김유신의 분전에 힘입어 고구려군 5천여 명의 목을 베고 성을 항복시키는 대승을 거두었다. 전쟁에서의 승리와 함께 용춘의 정치적 영향력도 확대되었고, 김유신 가문과의 유대 관계도 더욱 돈독해졌다.

낭비성 전투가 있은 지 2년 4개월 뒤인 632년 정월, 진평왕이 죽고 선덕여왕이 즉위했다. 선덕여왕 대에 이르러 김춘추 부자와 김유신은 정치·외교·군사 방면에서 뛰어난 능력을 발휘했다. 635년(선덕 4) 용춘은 귀족 수품(水品)과 함께 국왕을 대신해 전국의 고을을 두루 돌며 위안했는데, 수품이 다음 해에 최고위 직책인 상대등에 임명된 것으로 보아, 용춘의 지위도 그에 준할 정도로 막강했을 것으로 판단된다. 이에 따라 김춘추의 영향력도 확대되어 나갔다. 그리고 선덕여왕 대 김유신의 군사적 활동은 실로 눈부실 정도였다. 자연히 신라 정계에서 김춘추와 김유신의 영향력이 확대되어 나갔을 것은 당연하다. 그러나 김춘추와 김유신 세력이 커지면 커질수록 이를 견제하고 반대하는 세력도 형성되었다.

대야성(大耶城) 함락과 정치적 위기

진평왕 대 후반부터 두각을 나타내면서 선덕왕 대에 활발한 활동을 전개하던 김춘추 가문은 백제가 신라를 공격해 오자 큰 위기에 빠졌

경남 합천의 대야성.
신라 서쪽 국경의 요충지인 대야성이 백제군에게 함락되자 신라는 국가적 위기
상황에 처했다. 그런데 당시 대야성 수비를 맡았던 성주 김품석이 김춘추의 사위
였기 때문에, 김춘추도 정치적 책임감에서 자유로울 수 없었다.

다. 641년 즉위한 백제의 의자왕은 이듬해 7월 대규모 군사를 일으켜 신라 서쪽 변경의 40여 성을 빼앗고, 다음 달에는 고구려와 합동으로 신라의 대당 교류 창구인 당항성(오늘날의 경기도 남양만 일대)을 공격했다. 그러자 백제의 파상공세에 위기감을 느낀 신라는 당나라에 도움을 요청하기에 이르렀다.

그런데 당항성이 공격받은 바로 그 달에 백제가 신라의 대야성(오늘날의 경남 합천)을 공격해 함락시킨 사건이 발생했다. 대야성은 신라 서쪽 변경의 군사적 요충지로서, 이곳이 함락되면 수도 경주 지역까지 적의 위협에 노출될 정도로 중요한 곳이었다. 군사적 요충지인 대야성이 함락되자 신라 조정은 엄청난 충격과 위기감에 휩싸였다.

　신라 조정의 동요와 함께 김춘추의 정치적 기반에도 큰 위기가 도래했다. 함락될 당시 대야성의 성주는 김품석이었는데, 그는 김춘추의 사위였다. 그런데 그는 성주로 있으면서 도덕적으로 비난받을 일을 저질렀고, 결국 이로 말미암아 대야성을 빼앗기기에 이르렀다.

　대야성 도독 김품석이 자신의 막객(幕客)인 검일(黔日)의 아내가 예뻐 그녀를 빼앗았다. 그러자 검일이 이에 원한을 품고 있다가, 이때에 이르러 백제군에 내응하여 성 안의 창고를 불태웠다. 성 안 사람들이 두려워하여 굳게 막지 못하였다. 품석의 보좌관 서천이 (백제에 항복하고) 성을 나갈 것을 권하자, 죽죽(竹竹)이 항복하는 것에 반대하고 품석을 말리었다. …… 품석이 (죽죽의 말을) 듣지 않고 성문을 열어 병졸을 먼저 내보내니 백제의 복병이 나타나 모두 죽였다. 품석이 이 말을 듣고 자신의 처자를 죽이고 스스로 목을 찔러 자살하였다.

―《삼국사기》 열전7, 죽죽

　김품석은 자기 부하 장수의 부인을 탐하는 부정을 저질렀고, 이 때문에 내분이 발생해 백제군의 침공에 무너졌던 것이다. 그리고 적군에 맞서 끝까지 싸우지 않고 구차하게 목숨을 구하기 위해 항복함으로써, 끝까지 싸우다 전사한 자신의 부하 죽죽과 극명하게 대비되어 비난거리가 되기도 했다.

　대야성 함락은 김춘추에게도 커다란 충격을 주었다. 먼저 자신의 딸과 사위가 죽임을 당하고 시신마저 돌려받지 못했기 때문에 비통함과 분노가 매우 컸다. 그러나 대야성 함락과 그에 따른 국가적 위기 상황 앞에서 김품석은 물론이고 그를 정치적으로 후원했을 김춘추 역시 패전의 책임 논란에서 벗어날 수 없었다. 왜냐하면 패전의 원인이 김품석 개인의 도덕적 비리에서 비롯된 측면이 강하고, 최후까지 백제군에 항전하지 않고 중도에 항복했기 때문에 혈연적, 정치적으로 가까운 김춘추 역시 책임 의식을 느끼지 않을 수 없었을 것이다. 반면에 이러한 일련의 정치적 전개 과정은 김춘추 세력의 성장을 못마땅하게 여기던 반대 세력에게는 호기로 작용했다. 따라서 김춘추는 딸과 사위를 잃은 슬픔에 잠겨 있을 수만은 없었다.

이러한 정치적 위기 상황에서 김춘추는 두 가지 방식으로 대응했다. 그는 먼저 자신이 대야성 함락에 따른 가장 큰 피해자임을 강조했다. 그리고 이어서 백제에 대한 '응징'을 명분으로 외교 활동에 진력했다.

대야성 함락과 함께 김품석 부부가 죽었다는 소식을 접한 김춘추는 개인적으로 큰 충격과 비통함에 휩싸였다.

김춘추가 (이 소식을) 듣고 기둥에 기대어 서서 온종일 눈도 깜박이지 않았고, 사람이나 물건이 그 앞을 지나가도 알아보지 못하였다. 얼마가 지나자 "슬프다! 대장부가 되어 어찌 백제를 삼키지 못하겠는가?" 하고는 곧바로 왕을 찾아가 뵙고, "신이 고구려에 가서 군사를 요청하여 백제에 원수를 갚으려 합니다" 라고 말하니 왕이 허락하였다.

―《삼국사기》 신라본기5, 선덕왕 11년

자신의 딸이 전쟁터에서 죽고 시신마저 찾을 수 없는 상태에서, 김춘추가 인간적으로 겪었을 고통에 대해서는 충분히 예상할 수 있다. 그러나 김춘추가 곧바로 백제에 대한 보복을 결심하고 직접 고구려에 가서 청병을 요청하겠다고 건의한 이면에는, 정치적 위기를 극복하려는 의도가 다분히 내포되어 있었다. 즉 자신의 딸과 사위가 전쟁에서 죽었기 때문에 자신도 큰 충격을 받았다는 사실을 강조함으로써, 그에게 쏟아질 반대 세력의 정치적 공격을 희석시키려는 목적이 있었던 것이다.

그러나 개인적 피해에 대한 동정 의식은 일시적 현상에 지나지 않는 것이 일반적이다. 따라서 김춘추는 더욱 적극적으로 위기를 극복하기 위해, 대야성 함락 이후 추진할 신라의 대응 방안을 제안하고 직접 실천했다. 그리하여 백제에 대한 보복을 명분으로 내걸고, 국정의 주요 방향도 여기에 맞추었다. 왜냐하면 백제에 대한 보복은 김춘추의 정치적 반대 세력도 결코 외면할 수 없는 국가적 관심사였기 때문이다. 따라서 자신에 대한 정치적 공격의 여유를 주지 않은 채 백제에 대한 대응을 주도함으로써, 정치적 주도권을 지속적으로 유지해 나갔던 것이다.

용궁을 탈출한 토끼

정치적 영향력에 비해 그 활동이 드러나지 않았던 김춘추는, 대야성 함락 이후 닥쳐온 정치적 위기를 타개하기 위해 활발한 외교 활동을 전개했고, 그 과정에서 국제 정치가 및 외교 활동가로서 역사의 전면에 부상했다.

백제를 공격하기 위해 김춘추가 대고구려 청병 외교를 자청했지만, 당시의 정치 상황에서 고구려에 가는 것은 커다란 모험이었다. 따라서 김춘추는 고구려로 떠나기 직전 자신의 정치적 동맹자인 김유신과 만나 사태를 의논했다.

김춘추가 장차 (고구려로) 떠나려 할 때 김유신에게 말하였다. "나는 그대와 한 몸이고 나라의 팔다리다. 지금 내가 저곳에 들어가 만약 해를 당한다면 그대는 무심할 수 있겠는가?" 하자, 유신이 대답하였다. "공께서 만일 가서 돌아오지 않는다면 저의 말발굽이 반드시 고구려, 백제 두 임금의 뜰을 짓밟을 것입니다. 진실로 그렇게 하지 못한다면 장차 무슨 면목으로 나라 사람을 대하겠습니까?" 이에 김춘추가 감격하고 기뻐하여 김유신과 더불어 손가락을 깨물어 피를 마시며 맹세하여 말하였다. "내가 날짜를 계산하여 보건대 60일이면 돌아올 것이다. 만약 이 기일이 지나도 돌아오지 않는다면 다시 볼 기약이 없을 것이다."

—《삼국사기》 열전1, 김유신전(상)

김춘추는 고구려로부터 돌아오지 못할 위험성이 있다는 사실을 알면서도 외교적 모험에 승부를 걸었다. 그만큼 신라가 절박한 상황에 부닥쳐 있었고, 그의 처지 역시 마찬가지였기 때문이다.

고구려를 향해 출발한 김춘추 일행은 대매현이라는 곳에 이르러 그곳의 두사지라는 사람으로부터 명주 300보(步)[2]를 받은 뒤, 국경을 넘었다. 신라의 유력한 정치인 김춘추가 온다는 소식을 들은 고구려 보장왕은 당시 정치적 실권을 장악했던 연개소문을 보내어 객사를 정해 주고 잔치를 베풀어 대접했다. 그러나 고구려 왕은 신라와의 영토 문제를 제기한 뒤, 이를 빌미로 김춘추를 제거할 계책을 꾸몄다.

어느 사람이 (보장)왕에게 말하기를, "신라 사신은 보통 사람이 아닙니다. 이번에 온 것은 아마 우리의 형세를 살피려는 것 같으니, 왕께서 그를 제거하여 후환을 없애십시오" 하였다. 이에 고구려 왕은 무리한 질문으로 대답하기 어렵게 함으로써 김춘추를 욕보이려 하였다. 그리하여 "마목현(계립령)과 죽령은 본래 고구려 땅이니 만약 돌려주지 않으면 돌아갈 수 없다"라고 말하였다. 그러자 김춘추는, "나라의 토지는 신하가 함부로 하는 것이 아닙니다. 신은 감히 그 명을 따를 수 없습니다"라고 말하면서 거부하였다. 그러자 고구려 왕이 노하여 그를 가두고 죽이려 하였으나 미처 죽이지 않았다.

—《삼국사기》열전1, 김유신전(상)

고구려는 신라가 백제의 공격을 받아 급박한 상황에 있다는 사실을 잘 알았다. 특히 신라 정계의 실력자 김춘추가 직접 방문할 정도로 다급한 처지라는 것을 알았기 때문에, 신라가 필요로 하는 군사를 지원하는 대가로 신라에 빼앗긴 영토를 돌려달라고 제안했다. 고구려가 반환 요청한 죽령 일대 지역은 진흥왕 대 이전까지 고구려가 장악했던 곳이다. 그러나 551년 백제와 신라가 연합해 고구려를 북쪽으로 쫓아내자, 이 지역을 다시 신라가 관할하게 되었다. 그런데 김춘추가 신라에서 정치적 영향력이 막강하다고 하더라도 함부로 영토를 떼어내 타국에 할양할 수는 없었다. 결국 고구려는 신라가 들어줄 수 없는 조건을 내건 뒤, 이를 거절하면 군사적 지원을 거부할 명분으로 삼았던 것이다. 뿐만 아니라 경우에 따라서는 김춘추의 태도를 문제 삼아 신라의 유력한 정치인을 제거함으로써, 장래 고구려에 미칠지 모를 위협 요소를 사전에 없애버리려 했다.

결과적으로 김춘추는 애초 의도했던 청병에 실패했고, 자신이 직접 옥에 갇힘으로써 신라로 돌아가지 못할 신세로 전락했다. 이에 위기감을 느낀 김춘추는 우선 자신이 살아서 신라로 돌아갈 묘책을 찾는 데 주력했다. 그리하여 고구려에 들어오기 직전 대매현의 두사지로부터 받은 명주 300보를 고구려 왕이 총애하는 신하 선도해(先道解)에게 주면서 은근히 빠져 나갈 방도를 물었다. 그러자 선도해는 김춘추가 갇혀 있던 감옥으로 음식을 가져와 상을 차린 뒤 함께 술을 마셨다. 그리고 취기가 어느 정도 오르자 옛날이야기 형식을 빌려 농담조로 방안을 제시했다. 이때 선도해가 김춘추에게 들려준 옛날이야기가 바로 '별주부전' 혹은 '토끼의 간'으로 잘 알려진 우화였다. 심장병에 걸린 용왕의 딸을 치료하기 위해서 토끼의 간이 필요했고, 거북이가 육지에 나가 토끼를 속여 용궁으로 데려오자, 사태를 파악한 토끼가 자신을 간을 육지에 놓고 왔기 때문에 다시 뭍에 나가 가져오겠다며 용궁을 탈출했다는 내용이었다. 이 이야기를 들은 김춘추는 그 뜻을 알아차리고 즉시 고구려왕에게 글을 올려 말했다.

계립령과 죽령은 본래 고구려의 땅입니다. 신이 귀국하면 우리 왕께 청하여 돌려 드리겠습니다. 제 말을 믿지 못하신다면 저 밝은 해를 두고 맹세하겠습니다.

마치 고구려의 요구에 더는 버티지 못하고 수용하는 듯한 태도를 보였다. 이에 고구려 왕은 크게 기뻐해 김춘추를 죽이려는 계획을 유보했다. 이와 동시에 김유신이 결사대를 조직해 고구려를 공격하려는 움직임을 보인 것도 김춘추 석방에 작용했다. 김유신은 김춘추가 떠나면서 기약했던 60일이 지나자 '천 명이 목숨을 바쳐 싸우면 만 명을 당해낼 수 있다'라며 목숨을 두려워하지 않는 용사 1만 명을 선발한 뒤 왕에게 청해 출전을 허락받았다. 이러한 김유신의 움직임은 첩자를 통해 고구려에 전달되었다. 이에 고구려 왕은 분쟁이 발생하는 것을 원하지 않았고, 또 김춘추가 이미 땅을 돌려주겠다는 맹세까지 했기 때문에 그가 신라로 돌아가는 것을 허락했다. 마침내 고구려 국경을 벗어나 신라 경내로 접어들자, 김춘추는 자신을 바래다 준 고구려인에게 마치 용궁을 벗어난 토끼가 거북이에게 했던 것처럼 이렇게 말했다.

> 나는 백제에 대한 원한을 풀기 위하여 군대를 청하러 갔었는데, 대왕께
> 서는 허락하지 않고 오히려 땅을 내놓으라고 하였다. 그러나 이 문제는
> 신하인 내가 마음대로 할 수 있는 것이 아니다. 엊그제 대왕께 서신을
> 올린 것은 죽음에서 벗어나려는 뜻이었을 뿐이다.

떠오르는 실세, 김춘추와 김유신

고구려의 지원을 받으려던 김춘추의 계획은 별다른 성과 없이 끝나고
말았다. 그러나 외교적 노력이 실패했음에도 불구하고 김춘추의 정치
적 위상은 추락하지 않았다. 왜냐하면 신라의 국가적 위기를 타개하
기 위해 위험을 무릅쓰고 직접 고구려에 다녀왔기 때문에, 누구도 김
춘추의 활동 결과에 대하여 질책하지 못했다. 더욱이 이러한 그의 외
교 활동은 국정을 총괄하던 선덕여왕의 후원으로 진행되었기 때문에
반대 세력의 견제를 받지 않았다. 오히려 신라의 외교 정책을 적극적
으로 주도하는 과정에서 정치적 영향력이 확대되었다.

또한 이 무렵 김유신이 대외 전쟁에서 거둔 눈부신 활동은 김춘추
의 정치력을 강화하는 데 크게 기여했다. 김유신은 642년(선덕 11) 압
량주 군주로 있을 때 김춘추를 구하기 위해 1만 대군을 거느리고 고구

려로 진격하려 했다. 그리고 644년 9월에는 대장군이 되어 백제의 일곱 성을 공격해 크게 이긴 뒤 645년 정월 경주로 돌아왔다. 그런데 미처 왕을 뵙기도 전에 다시 백제 대군이 신라의 성을 공격한다는 급보가 전해지자, 선덕여왕은 그를 장군으로 임명한 뒤 백제군을 막게 했다. 이에 김유신은 명령을 받자마자 자신의 집에 들르지도 않고 곧바로 말 위에 올라 전장에 나아가 백제군 2000명을 목을 베는 대승을 거두었다. 그리고 다시 3월에 경주로 들어와 왕에게 전투 결과를 보고하고 집으로 돌아가던 중, 또다시 백제군이 대규모로 신라를 공격하려 한다는 급보를 전해 들었다. 선덕여왕이 김유신에게 지체 없이 전쟁터로 출동할 것을 명하자, 이번에도 집에 들르지 않고 군대를 선발한 뒤 서쪽 국경을 향하여 출발했다. 이때 김유신이 자기 집 앞을 지나면서 잠시 멈춘 뒤, 사람을 시켜 집 안의 물을 가져오게 하고 말 위에서 마신 다음, "우리 집 물은 옛 맛 그대로구나!" 하면서 안심하고 곧바로 전쟁터로 향했다고 한다. 김유신 군대가 국경에 이르자 백제 군사들이 멀리서 이를 바라보고는 그 위세에 눌려 감히 진격하지 못했다.

백제와의 연이은 전투에 김유신이 연거푸 출전한 것은 당시 선덕여왕을 비롯한 신라 조정이 그의 군사적 역할에 절대적으로 의존했다는 것을 보여 준다. 김유신의 승전보와 함께 그의 군사적 영향력이 확대되고, 나아가 신라 정계에서 차지하는 정치적 비중도 커질 수밖에 없었다. 김유신의 정치적, 군사적 영향력이 확대됨과 동시에 그와 정치적 동반 관계에 있던 김춘추의 정치적 기반도 확대되었다. 자연히 신라 정계는 김춘추의 정치 활동과 김유신의 군사 활동이 주축이 되어 주도권을 행사했다.

　반면에 김춘추와 김유신 세력이 확대되는 것에 위기감을 느끼고 이들을 제거하기 위한 정치적 분쟁도 싹트기 시작했다. 특히 전통 귀족 세력 중 일부는 김춘추 계열이 부상하는 것을 못마땅하게 여기고 정치적 반격을 준비했다.

구 귀족 세력을 누르고 권력을 장악하다

새로운 정치 세력의 부상은 기존 정치 세력과의 대립을 일으키는 것이 상례다. 영향력을 행사할 수 있는 관직의 수와 재정 규모가 한정된 상황에서, 새로운 세력의 등장은 기존 세력이 가졌던 지분을 잠식할 수밖에 없다. 자연히 정치적 주도권을 놓고서 한쪽이 득을 보면 다른 쪽이 손해를 보는 일종의 '제로섬(zero-sum) 게임'이 전개된다.

　기존의 귀족 세력 중 일부는 김춘추 세력과 그를 지원하는 선덕여왕에 대하여 비판적 태도를 견지했다. 그러나 특별한 문제점이 없는 상태에서 섣부르게 김춘추 세력을 견제하면 자칫 역효과를 가져올 위험성이 있었다. 따라서 이들은 기회를 엿보며 정치적 재기를 도모했다.

　구 귀족 세력들에게 찾아온 첫 번째 기회는 642년 대야성이 함락된 직후였다. 대야성 책임자였던 김품석은 백제에 굴욕적으로 항복했고, 또 패배의 원인이 되었던 대야성 내 분란의 불씨도 제공했다. 그런데 그가 바로 김춘추의 사위였기 때문에 대야성 함락으로 말미암아 신라가 커다란 위기에 처한 것에 대해 김춘추도 일정 부분 책임을 면하기 어려웠다. 그러나 구 세력들에게 책임을 따질 시간적 여유도 주지 않은 채, 김춘추는 고구려에 청병해야 한다는 위기 극복의 해법을 제시하고 자신이 직접 그 활동에 뛰어들었다. 비록 고구려의 협조를 이끌어내지는 못했지만, 자신의 목숨을 내걸고 적극적으로 활동한 김춘추를 비난할 수는 없었다. 왜냐하면 상대방을 비난하기 위해서는 자신들이 그에 상응하는 해법을 제시하고 위기를 극복할 수 있다는 전망을 제시해야 하는데, 그 작업이 간단치 않았기 때문이다. 따라서 위기 극복을 위해 동분서주하는 김춘추와 그러한 김춘추를 지원하는 선덕여왕의 조치를 지켜볼 수밖에 없었다.

김춘추와 김유신이 활발한 활동을 전개했는데도 백제의 집요한 공격에 신라의 변경은 항상 위태로운 처지에 놓여 있었다. 그 결과 국경 지대의 군사적 위기는 신라의 정치적 불안정으로 이어졌다. 불안감과 위기의식이 증대되자, 자연히 국정을 주도하는 선덕여왕과 김춘추 세력에게 불만이 집중되었다. 특히 여자가 왕위에 있기 때문에 주변국의 무시를 당해 위기가 확대되었다는 주장이 확산되자, 여왕의 통치 행위마저 부정하려는 경향이 나타났다.

원래 선덕여왕의 즉위는 성골(聖骨) 관념을 배경으로 이루어졌지만, 추진 과정에서 문제점도 적지 않았다. 특히 일부 귀족은 이에 반발하다가 진평왕에 의하여 제거되기도 했다. 비록 집권 세력에 눌려 부정적 견해를 표출하지는 못했지만, 내심 여왕 통치에 대해 불만을 품은 세력들이 존재했다. 이들의 불만은 평상시에는 잠복해 있다가 국왕의 통치권이 위기에 직면했을 때 언제든지 표면화될 소지가 있었다. 이러한 여왕 통치에 대한 불만에 불을 지핀 것은 당 태종의 말이었다.

김춘추의 대고구려 청병 외교가 실패하자, 신라는 당에 사신을 보내어 협조를 요청했다. 이에 대하여 당 태종은 세 가지의 대책을 제시하고 사신에게 그 중 하나를 택하라고 했다. 그런데 그 가운데 셋째 대책을 언급하면서 다음과 같이 말했다.

그대 나라는 여자를 임금으로 삼아서 이웃 나라의 업신여김을 받게 되고, 임금의 도리를 잃어 도둑을 불러들이게 되어 해마다 편안할 때가 없다. 내가 왕족 중의 한 사람을 보낼 테니 그대 나라의 왕으로 삼되, 혼자서는 왕 노릇을 할 수 없으니 마땅히 군사를 보내 호위하게 하고, 그대 나라가 안정되기를 기다려 그대들 스스로 지키는 일을 맡기려는 것이 세 번째 계책이다.

즉, 신라가 위기에 처한 이유는 여자가 왕이 된 것에서 비롯되었기 때문에, 신라를 대신 통치할 왕을 직접 파견하겠다는 말이다. 이러한 언급은 신라의 선덕여왕 체제를 근본적으로 부정하는 말이었다. 당 태종의 이러한 발언이 신라에 전해지자, 신라 조정은 크게 술렁였다. 먼저, 선덕여왕 측은 당의 태도에 당혹해하면서도 자체적으로 위기를 극복하기 위해 동분서주했다. 불심(佛心)에 의지해 주변국의 침

선덕여왕 영정

선덕여왕릉(사적 제182호, 경주시 구황동)

선덕여왕은 부친 진평왕의 후광을 받아 즉위한 최초의 여성 군주였지만, 남성 귀족이 주도하는 신라 정치권에서 강력한 지도력을 발휘하기 어려웠다. 김춘추-김유신 세력을 기반으로 국정을 운영하였지만, 이에 반발한 상대등 비담을 중심으로 한 구 귀족세력이 반란을 일으켰고, 난이 진행되는 와중에 사망했다.

황룡사와 9층 목탑 복원모형.
선덕여왕은 불심에 의지해 주변국을 격퇴하려는 의도에서 황룡사 9층 목탑 건립에 착수하였다. 그러나 이는 선덕여왕 당시 주변국의 위협으로부터 신라가 직면한 고통과 위기감이 그만큼 상당하였음을 보여주는 반증이기도 하다.

입을 격퇴하려는 의도에서 황룡사 9층탑이 만들어진 것도 바로 이때였다. 그렇지만 실제적으로는 김춘추와 김유신 세력에 절대적으로 의존하면서 해법을 모색했다. 이 무렵 김유신에게 연거푸 수차례 출전시키는 무리한 결정을 내린 것도 다른 대안이 없었기 때문이다. 자연히 김춘추, 김유신 세력이 중앙 정계에서 차지하는 비중과 발언권이 확대되었다.

반면에 여왕 통치에 부정적이었던 구 귀족들은 마치 천군만마를 얻은 것처럼 당 태종의 언급을 반겼다. 그리하여 마침내 647년 정월에 귀족회의 의장인 상대등(上大等)의 자리에 있던 비담(毗曇)을 중심으로 한 귀족들이, "여왕은 나라를 잘 다스릴 수 없다(女主不能善理)"라고 선

비담 등이 난을 일으킨 뒤 근거지로 삼았던 명활산성. (사적 제 47호, 경주시 천군동·보문동)

언하고, 군사를 동원하여 반란을 일으켰다. 이들의 초반 기세는 매우 사나웠다. 반란이 일어난 지 며칠 지나지 않아 선덕여왕이 사망했다. 선덕여왕을 뒤이어 곧바로 진덕여왕이 즉위했으나 김유신의 군대로도 반란군을 쉽게 제압하지 못했다. 다행히 같은 달 17일, 김유신의 기지와 독려로 반란군을 진압할 수 있었다. 자연히 반란에 연루되어 30여 명이 처형됨으로써, 정치적 주도권을 둘러싼 분쟁은 김춘추 세력의 승리로 종결되었다.

비담의 난으로 표출된 정치적 분쟁은 신라 정치사의 한 획을 긋는 대사건이었다. 반란의 결과 김춘추와 김유신은 명실상부하게 신라 정계의 가장 강력한 실력자로 자리매김하면서 정치를 주도했다. 비록 진덕여왕이 국왕으로 존재했으나, 외교 활동과 정치 개혁, 그리고 각종 대내외적 정치 활동은 김춘추가 주도적으로 행사했다.

새로운 비전을 제시하다

뛰어난 국가 지도자의 덕목 가운데 하나는 국민에게 국가의 발전 방향, 즉 비전(vision)을 얼마나 잘 제시하고 이끌어 나가는가 하는 점이다. 비전이 없는 국가 지도자는 기존의 관행을 벗어나지 못한 채 현상 유지에 급급하다 그만두는 경우가 대부분이다. 따라서 시대적 전환기에는 새로운 사회(국가)에 대한 비전을 제시하고, 이를 효율적으로 이끌어 나갈 능력을 갖춘 사람이 궁극적으로 역사의 승자로 자리매김하게 된다. 이러한 점에서 김춘추는 신라가 나아가야 할 방향을 정확히 파악하고, 새로운 사회 건설에 필요한 정치적·이념적 작업을 착실하게 전개했다. 그는 현실에 기반을 두면서도 신라의 미래 발전 방향을 결정지을 커다란 정책들을 차근차근 실행해 나갔다.

김춘추는 당을 신라 편으로 끌어들이는 것이 삼국 간 항쟁에서 주도권을 잡을 수 있는 핵심적 요소임을 직시하고, 대당 외교에 직접 뛰어들었다. 비담의 난을 진압한 이듬해인 648년, 김춘추는 아들과 함께 직접 당에 사신으로 갔다. 김춘추가 직접 조공사로 오자, 당 태종은 신라의 정치적 실력자를 극진하게 대했다. 선덕여왕 말년 여왕 통치의 문제점을 지적하며 신라를 비아냥거리던 때와는 완전히 달라진 태도였다. 이에 김춘추는 고구려와 백제가 신라를 핍박하는 상황을 설명한 뒤 이들에 대한 군사적 응징을 요청했고, 당 태종 역시 흔쾌히 군사적 출동을 허락했다. 물론 당나라가 고구려, 백제를 공격하겠다고 약속한 것은 신라를 도와주기 위한 목적만은 아니었다. 주변국을 통제하고 제국으로 자리매김하려는 과정에서 당은 고구려와 같이 자신들에게 비협조적이거나 때로 적대적 행동을 취하는 국가를 제압해야 할 필요성을 절실하게 느꼈다. 이러한 상황에서 고구려의 배후에 있는 신라가 군사적 동맹을 요청한 것은 당으로서도 구미가 당기는 제안이었다. 더욱이 신라 정계를 주도하는 김춘추가 직접 찾아와 요청했기 때문에, 실현 가능성과 신뢰도 측면에서 당의 관심을 끌 만했다. 그리하여 신라와 당 사이에 정치적·군사적 동맹 관계가 형성되었다. 나당동맹을 이끌어 낸 김춘추의 활동은 한반도 삼국 간의 통일 전쟁 양상을 근본적으로 뒤흔들었다. 그 결과 후진국이었던 신라는 당의 적극적 지원을 바탕으로 강대국 고구려와 백제를 제압하고 삼국을 통일할 수 있었다.

김춘추의 활동 중 가장 두드러진 점은 새로운 시대에 부합하는 합리적 정치 이념으로서 유교를 적극 수용하고 발전시킨 것이다. 유교는 개인적 구원을 목적으로 하는 여타 종교와 달리 현실 사회에서 전개되는 정치 행위의 방향성을 제시하는 측면이 강하다. 따라서 '수신-제가'(修身齊家) 이후에 '치국-평천하'(治國平天下)하는 것을 당연하게 여긴다.

그런데 김춘추가 전면에 등장하기 이전까지 신라에서는 유교주의 이외에 종교적 신비주의도 정치 무대에서 큰 영향력을 끼쳤다. 김춘추의 아버지 김용춘이 왕위에 오르는 것을 가로막은 '성골(聖骨) 관념'도 바로 이러한 신비주의적 이념의 산물이었다. 즉 진평왕계 가문은 자신들을 인도 석가모니 가문과 동일시하여 미화하고, 다른 진골 왕족보다 신성하다고 강조하면서 '성골 관념'을 만들어 왕위를 독점했다. 이러한 종교적 신비주의가 관철될 수 있었던 요인은, 당시 신라 정치권에서 불교적 이데올로기가 여전히 막강한 영향력을 행사했기 때문이다.

불교적 이념은 제23대 법흥왕부터 제28대 진덕왕에 이르기까지 왕들의 이름이나 왕호에 그대로 반영되었다. '법흥왕'(法興王)의 왕호는 '불법(佛法)을 처음 일으킨 왕'이라는 의미가 들어 있다. 그리고 제24대 진흥왕의 이름은 삼맥종(彡麥宗) 혹은 심맥부(深麥夫)라 했는데, 이는 '사미'(沙彌, 수행 중인 승려)를 의미했고, 제25대 진지왕의 이름 '사륜'(舍輪)은 불교의 전설적 군주인 '전륜성왕'(轉輪聖王)의 하나였으며, 제26대 진평왕의 이름 '백정'(白淨)은 석가모니 아버지의 이름과 같았다. 또한 제27대 선덕왕의 왕호 '선덕'(善德)은 불교에서 도리천(忉利天)이라는 하늘 세계를 주관하는 신을 뜻했고, 제28대 진덕왕의 이름 '승만'(勝曼)은 승만경(勝曼經)이라는 불경에 나오는 승만부인(勝曼夫人)에서 유래된 것이었다. 국가의 최고 지배자인 국왕의 이름이나 왕호가 불교에서 유래되었다는 사실은 당시 신라 지배층에서 불교가 커다란 영향력을 가졌음을 단적으로 보여 준다.

불교 승려들 역시 정치권 전면에서 활발하게 활동했다. 진평왕 대의 원광법사는 수나라에 군대를 요청하는 외교 문서를 직접 작성하고, 화랑들에게 속세에서 지켜야 할 계율 5가지, 즉 '세속오계'를 제시했다. 선덕왕 대의 자장법사는 신라를 침공하는 주변국을 부처님의 힘에 의지해 극복하려는 방안으로써 황룡사 9층탑 건립을 주창해 실현했다. 이들은 모두 국왕의 정신적 스승으로서 정치권에서도 커다란 영향력을 행사했다.

이렇게 불교적 이데올로기가 횡행하는 상황인데도 김춘추는 일찍부터 유교 경전에 관심을 두고 실력을 쌓아 나갔다. 그는 자신의 가문이 진평왕계의 득세에 눌려 정치의 주류에서 벗어났을 때 자세를 낮춘 채 새로운 기회가 오기를 기대하며 실력을 연마했는데, 이때 유교에 관심을 기울였던 것으로 추정된다. 이러한 추정은 김춘추가 정치적 실세로 자리 잡은 뒤 곧바로 유교에 대해 적극적인 태도를 보이고, 이를 정치에 접목하려 한 사실에서 확인할 수 있다. 종교적 신비주의를 배격하고 유교적 합리주의에 입각해 정치를 전개하려는 김춘추의 생각은 그가 정치권에 두각을 나타내기 시작하면서부터 점차 현실화되었다.

그러나 새로운 정치 이데올로기의 등장은 기존 이데올로기와 충돌하는 것이 상례다. 특히 종교적 관념이 개입된 이데올로기라면 그 충돌의 강도가 더 세다. 이러한 이데올로기 투쟁은 정치적 주도권을 둘러싼 정파 간 세력 갈등, 혹은 기득권을 둘러싼 신구 세력 간의 대립으로 표면화된다. 여왕 통치를 부정하며 발생한 비담의 난도 이러한 이념적 갈등과 무관하지 않다. 즉, 유교적 정치 이념을 바탕으로 정치적 주도권을 행사하려는 김춘추-김유신 세력의 활동에 대해, 귀족회의 의장인 비담을 중심으로 한 기존의 정치 세력이 반발해 일어난 것이 비담의 난이다. 비담이 여왕 통치의 문제점을 지적한 것은 반란의 정치적 명분을 획득하기 위한 것에 지나지 않았다. 실제로는 새로운 정치 이념에 입각해 선덕여왕을 옹위하면서 동시에 정치적 지분을 확대해 나갔던 김춘추 세력을 제압하기 위한 성격이 강했다. 따라서 비담의 난은 종교적 신비주의를 기반으로 하는 기존의 정치 세력과 유교적 합리주의에 입각한 새로운 정치 세력 간의 이념적 대립이 표면화되어 나타난 사건이라고 할 수 있다.[3] 서로 다른 두 세력 간의 분쟁에서 김춘추 세력이 승리했기 때문에, 이후 신라는 유교적 정치 이념에 근거한 제도적 개혁을 연이어 추진할 수 있었다.

648년 당에 직접 건너간 김춘추는 외교 동맹을 이끌어 내는 것뿐만 아니라 중국의 발달한 유교 문물을 수입하는 것에도 주력했다. 김춘추는 당 태종에게 요청해 교육의 중심 기관인 국학(國學)에 가서 유교 의식과 강론을 참관했다. 그리고 귀국 직후인 649년 정월에는 신라 관료들이 입는 공복(公服)도 당의 제도에 따라 새로이 개정했다. 나아가 651년부터는 정월 초하루에 왕이 신하들로부터 새해 축하 인사를 받는 하정례(賀正禮)를 시행했는데, 이 역시 당의 제도를 본뜬 것이었다. 이러한 제도 개혁은 형식상 국왕인 진덕여왕의 명에 따라 이루어졌지만, 작업을 실제 추진한 사람은 김춘추였다. 이런 점에서 통일신라의 발달한 정치 구조와 세련된 문물제도는 김춘추로부터 비롯되었다고 주장해도 크게 잘못된 평가는 아닐 것이다.

왕위에 오르다

654년 3월 진덕여왕의 사망으로 말미암아 다음 왕위를 누가 계승할 것인지가 초미의 관심사였다. 진덕여왕은 진평왕계 가문, 즉 성골(聖骨) 신분의 마지막 왕위 계승권자였기 때문에 이제는 다른 진골 가문에서 대상자를 골라야 했다. 김춘추가 진덕여왕 대에 정치적 주도권을 행사했다고는 하지만 이는 왕위 계승과 별개의 문제였다. 따라서 그가 왕위에 오르기까지는 갖가지 우여곡절과 보이지 않는 힘겨루기가 진행되었다.

당시 신라 중앙 정계에는 알천(關川)이라는 거물 정치인이 존재했다. 그의 담력은 맨손으로 호랑이를 때려잡을 정도로 다 단했다.

> 진덕여왕 대에 알천공, 임종공, 술종공, 무림공, 유신공, 염장공 등 대신들이 경주 남산에 모여 국사를 논의하였다. 그런데 이때 커다란 호랑이가 나타나 좌중으로 달려들었다. 여러 대신이 모두 놀라 일어났으나 알천은 조금도 움직이지 않고 태연히 담소하면서 호랑이의 꼬리를 잡아 땅에 메어쳐 죽였다. 알천공의 힘이 이와 같으므로 수석(首席)에 앉았다.
>
> ─《삼국유사》 권1, 진덕왕 조

여기서 대신들이 국사를 논의한 자리는 화백회의(和白會議) 석상이었다. 화백회의는 국왕의 유고시 왕위 계승자를 결정할 정도로 신라 최고의 의결기구였다. 알천공이 그 화백회의 의장을 맡을 정도로 신라 최고의 귀족으로 자리매김하고 있었다. 따라서 진덕왕이 죽은 뒤 여러 신하가 그에게 섭정(攝政), 즉 왕위에 올라 정사를 돌보아 달라고 요청했다. 그러나 알천은 이를 사양하고 김춘추를 왕으로 추천했다.

> "저는 늙고 이렇다 할 덕행이 없습니다. 지금 덕망이 높기는 김춘추만한 사람이 없으니, 실로 세상을 다스릴 뛰어난 인물이라 할 만합니다." 이에 김춘추를 받들어 왕으로 삼으려 하니, (김춘추가) 세 번 사양하다가 마지못해 왕위에 올랐다.
>
> —《삼국사기》 신라본기5, 태종무열왕 원년

위의 내용으로만 본다면 알천이 김춘추의 출중한 능력을 높이 평가해 왕위를 양보하는 미덕을 보인 것처럼 보인다. 그러나 알천이 왕위를 양보한 것은 힘의 논리에서 김춘추-김유신 세력에게 밀렸기 때문이다. 알천이 당시 화백회의 의장으로서 최고위직에 있었던 것은 사실이지만, 조정의 신하들은 군사력을 보유한 김유신의 위세에 눌려 있었다.

> 알천공의 힘이 이와 같으므로 수석(首席)에 앉았으나, 여러 대신은 김유신의 위엄에 복속하였다.
>
> —《삼국유사》 권1, 진덕왕 조

화백(和白)

화백은 진골귀족 출신의 대신(大臣)이라고 할 수 있는 대등(大等)으로 구성된 합의체. 왕위 계승이나 국왕의 폐위, 대외적인 선전포고, 그 밖에 불교의 수용과 같은 국가의 중대한 일들을 결정했다.

화백회의는 만장일치에 의해 의결하는 것이 원칙이었다. 특히 국가의 중대한 일이 발생했을 때 신라인들이 신령스럽다고 여겼던 왕경(王京) 주위의 네 곳에 모여서 논의했다고 한다. 이 네 곳은 동쪽의 청송산(靑松山), 남쪽의 우지산(于知山), 서쪽의 피전(皮田), 북쪽의 금강산(金剛山)이었다. 화백 회의의 주재자(主宰者)인 상대등(上大等)은 귀족 세력과 왕권 사이에서 권력을 조절하는 기능을 하기드 했다.

그런데 진덕여왕(眞德女王, 647~654)이 후사가 없이 죽자, 화백에서는 당시 상대등이었던 알천(閼川)을 왕으로 선출했다. 이에 당시 신흥 세력으로 부상하던 김춘추(金春秋)가 김유신의 도움을 받아 알천을 물러나게 하고 즉위했다. 이는 무열왕의 즉위 과정에서 전통적인 귀족들의 대표기관인 화백이 무력화된 것을 보여주며, 화백을 통해 유지되던 신라 귀족연합정치의 붕괴와 전제왕권의 출발을 알리는 사건이었다. 물론 통일 이후에도 화백과 상대등은 여전히 존속했다. 그러나 국가의 중대한 정책을 결정하는 기관으로서의 기능을 상실했던 것으로 여겨진다. 통일 이후 신라 중대(中代)의 전제왕권 시대에는 화백에 관한 기록을 찾아볼 수 없다는 것이 이러한 사실을 증명해 준다. 또한 같은 시기에 상대등의 활동도 매우 미약했다. 결국 중대에는 정치의 실권이 화백에서 전제왕권의 방파제 역할을 했던 집사부(執事部)로 옮겨졌다고 보아야 할 것이다.

그리고 김유신은 자신의 위세를 이용해 김춘추가 왕으로 즉위하는데 직접적으로 개입했다.

영휘 5년(654) 진덕왕이 죽고 후계자가 없자, 김유신은 재상 알천과 논의하여 김춘추를 맞이하여 즉위하게 하였다.

—《삼국사기》 열전2, 김유신전(중)

김춘추와 김유신 두 가문의 결합이 빛을 발하는 순간이었다. 동시에 쫓겨난 왕(진지왕)의 손자로서 진평왕계 귀족들의 눈치를 살피며 혼자서 실력을 키우던 인고의 노력이 해피엔딩으로 막을 내리는 순간이었다.

왕위에 오른 김춘추는 백제 정벌에 전력했다. 660년 소정방이 이끄는 당군과 함께 백제로 진격하여 멸망시켰다. 백제를 멸망시킨 날 김춘추는 642년 대야성 전투에서 자신의 사위 부부가 백제군에게 비참하게 살해당한 것에 대한 분노를 되갚았다. 태자인 김법민(金法敏, 제30대 문무왕)은 백제 왕자 부여융(扶餘隆)을 말 앞에 꿇어앉히고 얼굴에 침을 뱉으며 자신의 누이를 죽인 것을 꾸짖었다. 그리고 660년 8월 2일 승리 축하연을 거행하면서, 무열왕과 소정방 및 신라의 장수들은 대청마루 위에 앉고, 의자왕과 그의 아들은 마루 아래에 앉힌 뒤, 때로 의자왕으로 하여금 술을 따르게 하는 모욕을 주기도 했다. 이를 지켜보던 옛 백제 신하들은 모두 목이 메고 눈물을 쏟았다. 비록 적일지언정 국왕이나 장수에 대해서는 그에 걸맞은 예우를 해주는 것이 관례다. 침착하고 합리적인 김춘추가 관례를 저버리면서까지 보복한 것으로 보아, 20여 년 동안 가슴 속에 응어리진 백제에 대한 분노는 주체할 수 없었던 것 같다. 이외에도 김춘추는 대야성 전투에서 백제와 내통해 군사를 끌어들이고 성 안의 식량을 불태웠던 모척(毛尺)과 검일을 붙잡아 목을 베고 사지를 찢어 그 시체를 강물에 던지기도 했다.

660년 백제 정벌을 마친 김춘추는 백제의 잔여 세력 토벌과 고구려 정벌에 착수했다. 그러나 이를 본격적으로 추진하지 못한 채, 이듬

무열왕릉(사적 제20호, 경주시 서악동)

무열왕릉비(국보 제25호)

비문이 새겨진 비몸은 현재 남아 있지 않고, 거북받침돌과 머릿
돌만 남아 있다.

해 6월 사망했다. 이에 태자 법민이 제30대 문무왕에 즉위한 뒤, 아버지의 묘호(廟號)를 태종(太宗)이라 하고, 시호를 무열(武烈)이라 한 뒤, 영경사 북쪽에 장사지냈다.

통일신라의 발전과 김춘추

김춘추는 철저하게 유교적 합리주의를 지향했다. 즉 유교를 정치 이념화하고, 이를 바탕으로 현실에 기반을 둔 새로운 사회를 꿈꾸었다. 이러한 의식은 김춘추 이후 왕들의 호칭에도 잘 나타난다. 즉, 김춘추 이전의 왕들은 불교를 가탁해 왕호를 수식했지만, 김춘추 이후에는 무열(武烈, 29대), 문무(文武, 30대), 신문(神文, 31대), 효소(孝昭, 32대), 성덕(聖德, 33대), 경덕(景德, 34대)에 나타난 바와 같이 모두 '문(文)', '효(孝)', '덕(德)'과 같은 유교적 덕목들이 포함되어 있다. 또한 682년(신문왕 2) 4월에 이루어진 국학(國學) 설치는 유교적 정치 이념을 구현하려는 김춘추의 목표가 완성되는 순간이었다. 즉, 학생들에게 유교 경전을 공부시키고 이들을 관직에 진출시킴으로써, 유교적 소양을 갖춘 관료들을 지속적으로 배출할 수 있는 제도적 장치를 마련한 것이다.

통일신라기에 발달한 문물제도는 합리적 이데올로기에 기반을 둔 정치·사회 질서가 안정적으로 유지되었기에 나타날 수 있었다.

이러한 점에서 통일신라기의 발전은 현실에 바탕을 둔 합리주의자 김춘추로부터 비롯되었다고 해도 결코 과언이 아닐 것이다. 이러한 업적이 있었기 때문에, 당에서 김춘추의 묘호(廟號) '태종' (太宗)이 당 태종의 그것과 중복된다면서 시정을 요구했을 때, 이를 거부하고 그대로 사용해도 당에서 별다른 이의를 제기하지 못했던 것이다.

1 이 사건과 관련해 《삼국유사》의 서술과 《삼국사기》에 실린 내용 간에는 시기적으로 차이가 있다. 《삼국유사》에서는 당 고종(650~683)이 사신을 보냈다고 했으나, 《삼국사기》 기록에는 692년, 즉 당 중종 때 보낸 것으로 되어 있다. 그러나 이러한 시기 차이는 크게 중요하지 않다고 생각했기 때문에, 설화적 내용이 풍부한 《삼국유사》의 기록을 인용했다.
2 신라에서 300보는 1,800척(尺)으로서 220필(匹) 정도의 양이다.
3 이러한 판단은 '비담' (毗曇)이라는 이름이 본래 '소승 불교의 교리를 연구하는 승려' 를 뜻하였다는 점에서도 어느 정도 짐작할 수 있다.